Vicente Falconi Campos, Ph.D.

Gestión de la Rutina del Trabajo del Cotidiano

D1529886

INDG TECNOLOGIA E SERVIÇOS LTDA.
Alameda da Serra, 500 • 34000-000 • Nova Lima - Minas Gerais • Brasil
Tel. (31) 3289-7200 • Fax (31) 3289-7201
Correo electrónico: editora@indgtecs.com.br • Home Page: www.indgtecs.com.br

1ª Edición: 50.000 ejemplares
2ª Edición: 25.000 ejemplares
3ª Edición: 5.000 ejemplares
4ª Edición: 5.000 ejemplares
5ª Edición: 5.000 ejemplares
6ª Edición: 5.000 ejemplares
7ª Edición: 30.000 ejemplares
8ª Edición: 5.000 ejemplares

CIP-Brasil. Catalogação-na-fonte
Sindicato Nacional dos Editores de Livros - RJ

C198g 2004	Campos, Vicente Falconi, 1940. Gestión de la rutina del trabajo del cotidiano/ Vicente Falconi Campos - Nova Lima: INDG Tecnologia e Serviços Ltda., 2004. 266 p.: il. Apéndices. Bibliografia. 1. Gestión. 2. Productividad. 3. Calidad. I. Título. CDD - 658.562

ISBN 85-98254-20-7

Capa: Rodrigo Portugal - INDG
Proyecto Gráfico: Filipe Correa - INDG TecS
Editoración electrónica: Elisângela Rossi - INDG TecS
Revisión del texto: Rita de Cássia Paiva

Su META es ser
el mejor del
mundo con aquello
que usted hace.
No existen
alternativas.

AGRADECIMIENTOS

Deseo registrar mis agradecimientos a todos que colaboraron con este texto, sea por sus ideas o por su contribución en el trabajo. Entre estos deseo destacar algunas empresas y personas, por la importancia de su contribución:

Cia. Vale do Rio Doce, Cia. Siderúrgica Belgo Mineira, Embraco, AmBev y **Cecrisa** por la cesión de material informativo.

Sr. Ichiro Miyauchi de la JUSE - Union of Japanese Scientists and Engineers, mi estimado amigo y consejero, por me haber guiado en toda trayectoria en la calidad y por su revisión de este texto.

Prof. José Martins de Godoy, del INDG - Instituto de Desarrollo Gerencial, mi estimado y compañero de primera hora en el Movimiento de la Calidad en el Brasil, por su esfuerzo dedicado en el liderazgo de este proyecto.

Consultores e Instructores del INDG por su discusión previa del texto y por las correcciones sugeridas.

Prof. F. Liberato Póvoa Filho, por varias contribuciones, entre ellas el montaje del índice alfabético.

Prof. Carlos Alberto Bottrel Coutinho por la revisión detallada y cuidadosa del texto.

Ing.º Henrique Marigo, por su esfuerzo en la organización de este texto.

Elisângela Rossi y **Filipe Correa**, del INDG, por su excelente trabajo de composición gráfica, editoración en computadora y por la rapidez y dedicación.

A **Marilda** (mi esposa) y **Juliana** (mi hija), por la paciencia constante en repartir el tiempo de convivo del marido y padre con el Movimiento Nacional por la Calidad.

Vicente Falconi Campos

PREFACIO DE ESTA EDICIÓN

El objetivo del INDG es contribuir para la mejoría del País a través de una gestión excepcional. Es una organización de enseñanza empresarial con características especiales. Su trabajo consiste en enseñar:

a - dentro de las organizaciones, en el local de trabajo;

b - con enfoque en resultados (se la meta es alcanzada, la enseñanza ha sido bien llevada);

c - de forma práctica (*learn by doing*) y haciendo la tarea junto con la organización en sociedad.

Dentro del Sistema de Gestión del INDG, la Gestión de la Rutina del cotidiano ocupa una posición de grande importancia. Es a través de él que los procesos son establecidos y se obtiene previsibilidad de la calidad de productos y servicios. Hace algunos años se planteaba la mejoría de la Rutina de los Procesos por la solución de problemas, estandarización de los puntos críticos y tratamiento de anormalidades. Actualmente, el INDG va más allá, porque hace revisión y el rediseño de los procesos, estandariza las operaciones, entrena todo el personal y, junto con la organización en sociedad, coloca el proceso de forma optimizado.

En cualquier contexto, el libro Gestión de la Rutina del Trabajo del cotidiano es pieza fundamental para la transmisión de los conocimientos y mejoría de los procesos enfocados. Hasta la séptima edición se vendieron 125.000 ejemplares.

El INDG ha dedicado especial atención a la Gestión de Mejorías.

Se nota ahora una gran demanda relativa a la consolidación de esas mejorías, que es hecha a través de la Gestión de la Rutina. A partir de ahí asistimos a un aumento de demanda por este libro.

En la presente edición, para mejor entendimiento del asunto, el Profesor Falconi organizó de forma diversa los capítulos (el capítulo 7 de las ediciones anteriores pasó a ser el capítulo 3 de la nueva edición). Aparte de eso, como ejemplo de Rutina Del Cotidiano está siendo utilizado un Caso de la Belgo Mineira, que es un relato del área industrial, una vez que el sector industrial se había esforzado mucho para mejorar su rutina. Este ejemplo seguramente les irá ayudar bastante a las empresas.

Con la nueva edición, la INDG Tecnología y Servicios Ltda., quiere continuar disponibilizando este importante texto para todas las organizaciones que desean, cada vez más, mejorar su Rutina de Trabajo.

Belo Horizonte, enero de 2004.

Profesor José Martins de Godoy

PREFACIO DEL AUTOR

La meta de este libro es propiciar a Directores, Gerentes, Jefes o cualquier persona que ejercite función de liderazgo, condiciones de perfeccionar, con poca ayuda, la gestión de las operaciones de la empresa.

Han sido utilizados para esto varios recursos, algunos inéditos en libros técnicos como la itemización y las palabras-claves, aparte de eso de más de ochenta figuras y tablas, orientación para lectura, flujograma del libro, "método de la cumbuca[1]", etc.

En el libro "La Máquina que Cambió el Mundo"(14), al cotejar la aplicación de la Gestión por la Calidad Total entre el Oriente y el Occidente, sus autores afirmaban: "...en el Occidente todos conocen la letra de la nueva canción pero pocos se disponen a cantarla..." ¡No dejemos que esto ocurra en el Brasil! ¡Vamos cantar y, si es posible, mejor que los orientales! Solo la APLICACIÓN DEL CONOCIMIENTO AGREGA VALOR.

La única forma de desaparecer la miseria y la pobreza y cambiar realmente nuestro País es iniciar por la mente y por el corazón de cada un de nosotros.

Este cambio tiene que ser llevado por nuestro esfuerzo, por la aplicación del conocimiento en nuestro cotidiano, de dentro de las Organizaciones para la Sociedad.

¡Vamos a comenzar a trabajar!

En este gran Movimiento Nacional, no espere por alguien.

¡El verdadero liderazgo tiene que estar dentro de cada uno!

Belo Horizonte, enero de 2004.
Vicente Falconi Campos
Instituto de Desarrollo Gerencial

---

[1] Pequeña vajilla donde se puede poner objetos

CONSEJO AL LECTOR

Al trabajar en la implantación de la Gestión por la Calidad Total en varias empresas brasileñas, percibí, con frecuencia, que muchas dificultades en la conducción del proceso eran causadas por falta de estudio. Juzgo que no nos gusta mucho leer.

Para eliminar esta dificultad, sugiero que sea utilizado el estudio en grupo, que estamos llamando de "Método de la Cumbuca". Proceda de la siguiente forma:

1. Forme un grupo de lo máximo 6 personas (mínimo de 4);

2. Haga un encuentro por semana de 2 horas, en un mismo día, en el mismo horario (por ejemplo: miércoles a la 16:00 horas);

3. La sala debe disponer de medios para proyectar todas las Figuras y Tablas de este texto, que ya han sido hechas de tal forma que facilite la copia. Debe también contener una cumbuca con papeles en los cuales está escrito el nombre de cada participante;

4. Todos los miembros del grupo estudian un capítulo, toda semana. Uno de los miembros del grupo es sorteado en la hora del encuentro para presentar el capítulo de la semana a los otros. Como todos estudiaron para presentar, la discusión generalmente es muy buena;

5. Caso el presentador no haya estudiado, la reunión se deshace. No se debe sortear o indicar otro, ni mismo aceptar voluntarios para presentar. El método está basado en el compromiso de todos.

6. Tras el sorteo, el nombre vuelve a la cumbuca. Una persona que presente un capítulo una semana podrá ser sorteado en la siguiente.

Este método ha traído buenos resultados. A nosotros no nos gusta mucho leer, pero nos gusta trabajar en grupo.

EL AUTOR

SUMARIO

Primera Fase - Entienda su Trabajo

Segunda Fase - Arreglando la Casa

Tercera Fase - Ajustando la Máquina

Cuarta Fase - Caminando para el Futuro

COMO UTILIZAR ESTE LIBRO
(SIGA EL FLUJOGRAMA MOSTRADO EN LA PRÓXIMA PÁGINA)

(1) Estudie hasta el capítulo 7, inclusive, conduciendo reuniones periódicas del "Grupo de Cumbuca". Al estudiar el texto, reflexione sobre cada frase y sobre los conceptos.

(2) Asegúrese que todas las jefaturas ya hicieron el curso "Gestión para Resultados" de 24 horas, del Instituto de Desenvolvimento Gerencial.

(3) Monte un "Plan de mejoría de la Gestión" que corresponda a la fase "ARREGLANDO LA CASA". Establezca un plazo de 8 meses.

(4) Inicie el trabajo. A lo largo de este trabajo, reconvoque su "Grupo de Cumbuca" y juntos estudien nuevamente hasta el Capítulo 7. Aplicando los conceptos en la práctica, el nivel del entrenamiento cambia mucho y para mejor. ¡Compruébelo!

(5) Al final de 8 meses, retome sus estudios del libro. Junto a su "Grupo de Cumbuca" estúdielo hasta el capítulo 13.

(6) Monte nuevo "Plan de Mejoría de la Gestión" que corresponda a la frase "ARREGLANDO LA MÁQUINA". Establezca un plazo de 16 meses.

(7) Inicie el trabajo. Retorne el "Grupo de Cumbuca" como en el ítem 4.

(8) Al final de los 16 meses, retorne su "Grupo de Cumbuca" y va hasta el final del libro. Puedo garantizarle que en esta época su gerencia ya puede ser clasificada como de "Clase Mundial".

FLUJOGRAMA DE LA "CAMINADA HACIA LA EXCELENCIA"
(CADA CUADRO CORRESPONDE A UN CAPÍTULO)

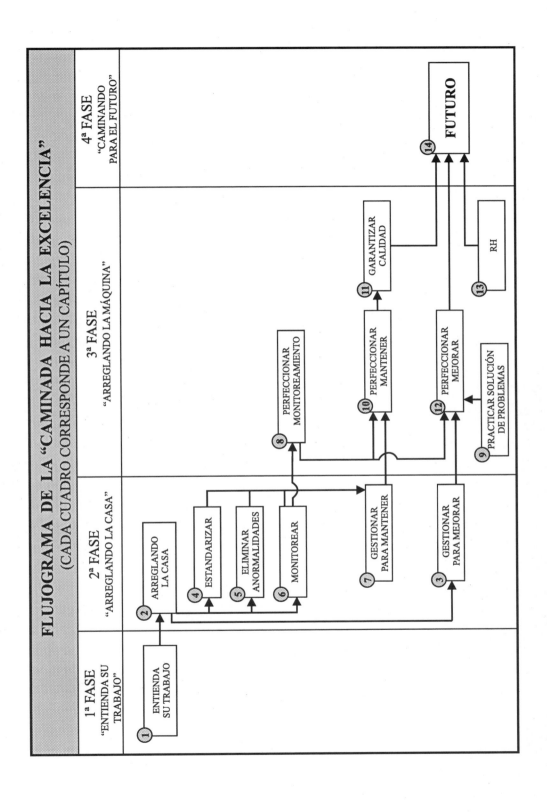

Primera
Fase:

"Entienda su trabajo"

CAPÍTULO 1

Entienda su Trabajo

A. La única razón por la cual usted trabaja es porque alguien precisa del resultado de su trabajo.

B. Al final de cuentas, todos nosotros trabajamos para ayudarnos mutuamente a SOBREVIVIR.

1.1 Qué es una empresa

A. Nosotros, seres humanos, precisamos sobrevivir. Para esto precisamos comer, vestir, ser cuidados cuando nos quedamos enfermos, dormir, ser educados, etc.

B. Para atender a estas necesidades de supervivencia es que el ser humano se organiza en industrias, hospitales, escuelas, prefecturas, etc. Vamos llamar de empresa cualquier una de estas organizaciones.

C. Por lo tanto, una empresa es una organización de seres humanos que trabajan para facilitar la lucha por la supervivencia de otros seres humanos. Esta es, en última instancia, la misión de todas las empresas.

D. Podemos concluir que el objetivo del trabajo humano es dejar satisfechas a las necesidades de aquellos que precisan del resultado de su trabajo.

E. Siempre que el trabajo humano satisfaz necesidades de personas, él AGREGA VALOR. Agregar Valor es agregar satisfacción a su cliente. El cliente solo paga por aquello que, en su percepción, tiene VALOR.

F. Aumentar el VALOR AGREGADO de su producto es aumentar el número de características de este producto, que son apreciadas por el cliente.

1.2 Como es conducido el trabajo dentro de una empresa

A. Las personas trabajan en una empresa ejerciendo FUNCIONES dentro de una ORGANIZACIÓN JERÁRQUICA.

B. Entonces FUNCIÓN (que hacer) es una cosa y ORGANIZACIÓN (cargos, jerarquía, organigrama) es otra. Función es TIPO DE TRABAJO y cargo es POSICIÓN.

C. En las empresas, las personas trabajan en cuatro tipos de función: operación, supervisión, gestión y dirección.

D. Estas funciones son clasificadas en dos categorías: funciones operacionales y funciones gerenciales. Esto es mostrado en la Figura 1.1.

E. En una empresa, una persona puede tener un cargo (organización) y, en este cargo, ejercitar varias funciones; o aún, varias personas trabajando en cargos diferentes podrán ejercer la misma función.

F. La organización jerárquica de una empresa debe cambiar constantemente a lo largo de su vida, para se acomodar a factores internos y externos. Sin embargo, las funciones permanecen estables.

G. La organización jerárquica puede y debe cambiar:

1. por las modificaciones del mercado,

2. por el crecimiento de sus empleados, a través de la educación y entrenamiento,

3. por la influencia de la tecnología de la información,

4. por los cambios mercadológicos,

5. por la influencia de la cultura local,

6. por la influencia de las personas, etc.

H. Las funciones no se alteran. La empresa puede ser muy vertical o muy horizontal, pero las funciones ejercidas serán las mismas. Lo que podrá pasar es variar el énfasis en el tiempo gasto con cada función, pero todas ellas siempre existirán.

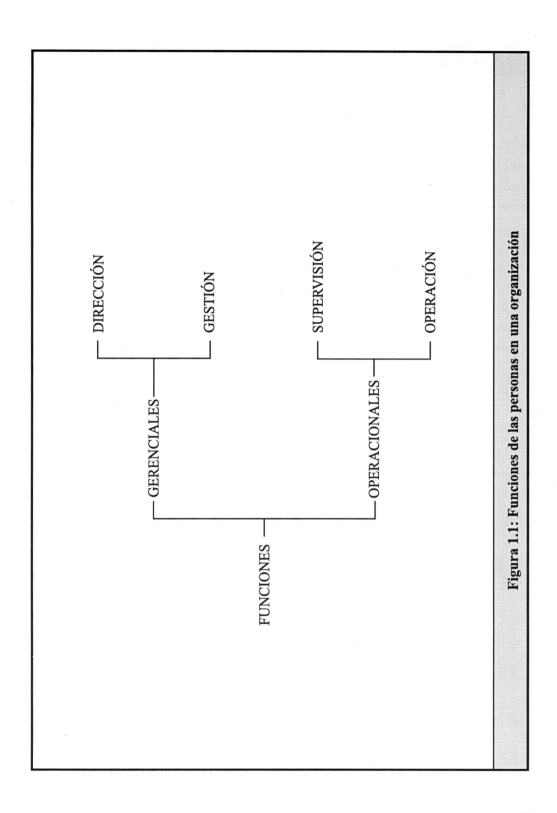

Figura 1.1: Funciones de las personas en una organización

A. La Tabla 1.1 muestra el tipo de trabajo ejercido en cada función, cuando todo está normal o cuando ocurren anormalidades.

B. Mire la Tabla 1.1 con bastante cuidado y observe algunos HECHOS:

C. Las ANORMALIDADES son responsables por todo trabajo descrito en el lado derecho de la tabla.

D. ¿Qué son anormalidades? Son roturas de equipamiento, cualquier tipo de mantenimiento correctivo, defectos el producto, desechos, retrabajos, insumos fuera de especificación, reclamaciones de clientes, infiltración de cualquier naturaleza, paradas de producción por cualquier motivo, retrasos en las compras, errores en facturas, errores de previsión de ventas, etc. En otras palabras: son todos los eventos que huyen de lo normal.

E. Todo trabajo conducido en el lado derecho de la tabla (ocurrencia de anormalidades) no agrega valor para la empresa; solo agrega costo. Por lo tanto las anormalidades tienen que ser eliminadas, si queremos aumentar la productividad.

F. Al se reducir las anormalidades, las necesidades de trabajo que no agrega valor son diminuidas. Trabajo desperdiciado.

G. Las anormalidades solo serán eliminadas por la acción de las funciones operación, supervisión y gestión. Principalmente de esta última.

H. Las funciones operacionales ocupan mucho tiempo de las personas de una empresa y son centradas en la ESTANDARIZACIÓN. ¡No puede haber nada más importante!

I. Gestionar es esencialmente alcanzar METAS. No existe gestión sin METAS (Ver Tabla 1.1 y Anexo A).

J. Para alcanzar las METAS DE MEJORÍA es necesario establecer NUEVOS ESTÁNDARES o MODIFICAR ESTÁNDARES EXISTENTES.

K. Para alcanzaren las METAS ESTÁNDAR es necesario CUMPLIR LOS ESTÁNDARES EXISTENTES.

L. Por lo tanto, gestionar es establecer nuevos estándares, modificar los estándares existentes o cumplirlos. LA ESTANDARIZACIÓN ES EL CENTRO DE LA GESTIÓN.

Tabela 1.1: Tipo de trabajo ejercido en cada función [2, 3].

FUNCIONES / SITUACIÓN →		NORMAL	OCURRENCIA DE ANORMALIDADES
GERENCIALES	DIRECCIÓN	* Establece METAS que garanticen la supervivencia de la empresa a partir del plan estratégico	* Establece metas para corregir la "Situación Actual" * Comprende el informe de la "Situación Actual"
GERENCIALES	GESTIÓN	* Alcanza metas (PDCA) * Entrena función supervisión	* Hace semestralmente el "Informe de la Situación Actual" para la jefatura * Elimina las anormalidades crónicas, actuando en las causas fundamentales (PDCA) * Revé periódicamente las anormalidades detectando las anormalidades crónicas (Análisis de Pareto) * Verifica diariamente las anormalidades en el local de ocurrencia, actuando complementariamente a la función supervisión
OPERACIONALES	SUPERVISIÓN	* Verifica si la función operación está cumpliendo los procedimientos operacionales estándar * Entrena la función operación	* Registra anormalidades y relata para la función gerencial * Conduce Análisis de las Anormalidades atacando las causas inmediatas (e.j.: ¿el estándar fue cumplido?
OPERACIONALES	OPERACIÓN	* Cumple los procedimientos operacionales estándar	* Relata las anormalidades

M. Repare las flechas en la Tabla 1.1. Cuando no hay anormalidades (normal), <u>todas las acciones de la empresa recurren del direccionamiento dado por la función dirección</u> (plan estratégico) - por lo tanto, agregan valor.

N. Cuando existen muchas anormalidades, el tiempo de las personas es consumido en combatirlas y no para alcanzar Metas, para Gestionar. En este caso, <u>muchas acciones de la empresa están al sabor de las anormalidades</u> - por lo tanto, no agregan valor.

O. De esa forma, no hay nada más urgente en una empresa que ELIMINAR LAS ANORMALIDADES.

P. Siempre que una persona ejerce una función que exige conocimiento, ella está <u>creciendo como ser humano</u> y añadiendo más valor.

    1. Cuanto más bien entrenado estuviera el Operador y cuanto menos anormalidades existieran, menos trabajo habrá para la función supervisión. El Supervisor trabajará cada vez más en la función accesoria. ¿Cuál debe ser el <u>nivel educacional</u> del Supervisor?

    2. Las tecnologías de informatización y automación sustituirán el trabajo humano estandarizado. La única salida para el Operador es la EDUCACIÓN. <u>Solamente la educación salvará los empleos del futuro.</u>

Q. Las funciones gerenciales demandan <u>CONOCIMIENTO</u>. Cuanto mayor el conocimiento de un individuo mayores son las posibilidades de alcanzar METAS nunca antes imaginadas. En el futuro, la informatización y la automación harán con que el trabajo humano se quede concentrado en las funciones gerenciales, en las cuales el CONOCIMIENTO es vital.

R. Cuando las personas que ocupan la mayor parte de su tiempo en las funciones operacionales ejercen la función gerencial a través de los CCQ (Círculos de Control de Calidad) o del Sistema de Sugerencias, ellas precisan de <u>CONOCIMIENTO</u>.

S. LA PRODUCTIVIDAD y la COMPETITIVIDAD son alcanzadas a través del CONOCIMIENTO. <u>Nada sustituye el conocimiento</u>[4].

T. Existen dos conocimientos importantes:

    1. conocimiento gerencial;

    2. conocimiento técnico del trabajo.

U. Este texto solo presenta conocimiento gerencial.

V. Observe críticamente la Tabla 1.1 y pregunte: "¿qué funciones ejerzo en mi cargo?".

1. En esta Tabla, procuramos mostrar que existen muchos Jefes que, en la realidad, no ejercen la función gerencial.

2. Existen también Directores, Gerentes y Supervisores que no ejercen la función supervisión.

3. Pero lo peor mismo es que existen hasta Operadores que no consiguen ejercer bien su función ¡por falta de ESTANDARIZACIÓN¡ Entrenamiento en el Trabajo.

4. ¿Cómo "arreglar la casa"?

1.4 Tópicos para reflexión por los "Grupos de Cumbuca"

A. Ustedes consiguen ver su empresa como "una organización de seres humanos que trabajan para facilitar la lucha por la supervivencia de otros seres humanos"? (Ítem 1.1-C).

B. ¿Con qué productos su empresa hace esto?

C. ¿Para qué clientes su empresa hace esto?

D. ¿Entonces cuál sería la MISIÓN de su empresa en la Sociedad?

E. Discutan en el grupo la diferencia entre CARGO y FUNCIÓN. Sería interesante que cada uno declinase su cargo y procurase enumerar cuantas funciones ejerce a lo largo del día.

F. Proyecten la Tabla 1.1 en la pantalla y discutan el contenido de cada cuadro.

G. Comparen la práctica actual de su empresa con el descrito en la Tabla 1.1. ¿Hay muchas diferencias?

H. ¿Cuántas personas de su empresa ejercen en la mayor parte de su tiempo las funciones operacionales? ¿Cuál es el porcentaje de éstas sobre el total de los empleados?

I. Observando la Tabla 1.1 (lado izquierdo, flechas para abajo), ¿ustedes perciben que las METAS de la empresa solo pueden ser mejoradas si el PROCESO (estandarizado) es alterado? ¿Entendieron la importancia de la ESTANDARIZACIÓN?

J. ¿Ustedes consideran su empresa bien estandarizada?

K. ¿Existen muchas ANORMALIDADES en su empresa? ¿Cuál es el porcentaje de su tiempo gasto con anormalidades ("incendios", "imprevistos" ...)?

L. ¿Entendieron el papel del CONOCIMIENTO en la mejoría de los resultados (productividad) de la empresa? Discutan sobre esto. Es fundamental para ustedes, como personas y como ciudadanos, para su empresa y para su País.

M. Mirando la Tabla 1.1 hagan un *brainstorming* en el grupo, para responder a la siguiente pregunta:

- ¿Qué deberíamos hacer, a partir de hoy día, para mejorar la situación de la empresa?

N. Guarden los resultados para futura discusión.

Segunda Fase:

"Arreglando la Casa"

CAPÍTULO 2

Arreglando la Casa

Inicie aquí la caminada para la <u>excelencia en el gestión</u> de su área. Caso precise de ayuda (Ve Anexo D), busque el Instituto de Desenvolvimento Gerencial.

2.1   *Como arreglar la casa*

Para "arreglar la casa", <u>concentre su mente y sus acciones</u> en el siguiente:

A. Escoja un área de su empresa que no va bien. Inicie el arreglo por este local peor. <u>¡Gestionar es resolver problemas</u>!

B. Defina los problemas de esta área (problema es <u>resultado</u> indeseable).

C. Pueden surgir problemas localizados en un sector o problemas interfuncionales de carácter más amplio.

D. Ejemplo de <u>problemas localizados</u>: alto índice de desechos, exceso de rompimiento de equipamiento, elevado número de errores de facturación, exceso de errores en compras, etc.

E. Ejemplo de <u>problemas interfuncionales</u>: reclamaciones de clientes, devolución de mercaderías, exceso de existencias, baja de ventas, etc.

F. Los problemas interfuncionales deben ser desdoblados en problemas localizados.

G. Para cada problema localizado defina un <u>ítem de control</u>. Por ejemplo: índice de desechos. Haga un gráfico mostrando la <u>situación actual</u> y su <u>meta</u>.

H. Planifique alcanzar la meta en seis meses, siguiendo las recomendaciones contenidas en los primeros siete capítulos de este libro. Cuales sean:

I. Todo que usted haga debe ser enfocado en esta meta. Solo haga aquellas cosas que lo ayuden a alcanzar su meta. El resto es, en el momento, desperdicio de tiempo y de recursos.

A. En una empresa, la mayoría de las personas consume la mayor parte de su tiempo trabajando en las FUNCIONES OPERACIONALES.

B. De esta forma, es muy difícil que las funciones gerenciales puedan ser conducidas de forma eficiente, si las funciones operacionales no funcionan bien.

C. "Arreglar la casa" significa esencialmente tomar providencias para que las personas, al ejercieren las funciones operacionales, sean las mejores del mundo con aquello que hacen. (¡Si la estandarización fuera perfecta y si todos cumpliesen los estándares, no debería haber anormalidades!).

D. Aparte de eso, "arreglar la casa" significa también eliminar las anormalidades (eliminar completamente es imposible, pero podemos bajar el número de anormalidades a niveles insignificantes!).

E. Esencialmente, "arreglar la casa" significa mejorar su "Gestión de la Rutina del Trabajo del Cotidiano".

F. Hoy usted ya practica esta gestión, ¡pero ciertamente existe espacio para mejorarlo.

G. Este tipo de gestión es conducido por todos los niveles jerárquicos hasta el nivel individual.

H. La Gestión de la Rutina del Trabajo del Cotidiano es centrado:

1. En la perfecta definición de la autoridad y de la responsabilidad de cada persona (vea Tabla 8.2);

2. En la estandarización de los PROCESOS y del TRABAJO;

3. En el monitoramiento de los RESULTADOS de estos procesos y su comparación con las METAS;

4. En la ACCIÓN CORRECTIVA en el PROCESO, a partir de los DESVÍOS encontrados en los RESULTADOS, cuando comparados con las METAS;

5. En un buen ambiente de trabajo (5S) y en la máxima utilización del potencial mental de las personas (CCQ y SISTEMA DE SUGERENCIAS);

6. En la busca continua de la PERFECCIÓN.

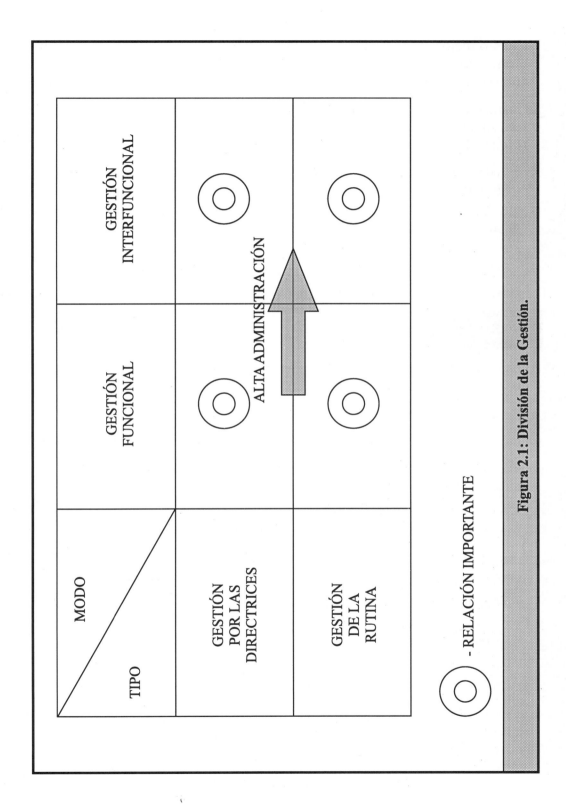

Figura 2.1: División de la Gestión.

MODO / TIPO	GESTIÓN FUNCIONAL	GESTIÓN INTERFUNCIONAL
GESTIÓN POR LAS DIRECTRICES	◎	◎
GESTIÓN DE LA RUTINA	◎	◎

ALTA ADMINISTRACIÓN

◎ - RELACIÓN IMPORTANTE

I. Cuanto mejor es la Gestión de la Rutina, más tiempo dispondrá el Gerente (como mostrado en la Figura 2.1) para participar de la "Gestión Interfuncional".

J. Cuanto más se sabe en la jerarquía más se practica tanto la "Gestión por las Directrices" como la "Gestión de la Rutina" de forma Interfuncional (Figura 2.1).

K. Finalmente, podríamos definir la "Gestión de la Rutina del Trabajo del Cotidiano" como "las acciones y verificaciones diarias conducidas para que cada persona pueda asumir las responsabilidades en el cumplimiento de las obligaciones conferidas a cada individuo y a cada organización".

L. La Gestión de la Rutina es la base de la administración de la empresa, debiendo ser conducido con el máximo cuidado, dedicación, prioridad, autonomía y responsabilidad.

2.3 Gerente como líder de cambios

A. Una empresa, para sobrevivir a la guerra comercial en una economía globalizada, tiene que alcanzar METAS RIGUROSAS.

B. No se alcanza metas sin que se hagan cambios.

C. Para alcanzar metas rigorosas son necesarios CAMBIOS RIGUROSOS.

D. El proceso gerencial es un PROCESO DE CAMBIOS. Gestionar es alcanzar metas.

E. Nosotros, seres humanos, no gustamos de cambios. Inventamos las más variadas, complejas e inteligentes explicaciones para no cambiarnos.

F. Decimos: "¡Gusto mucho de aplicar este método! ¡Es sensacional! Pero creo que preciso de más entrenamiento, pues siento dificultades..."

G. Decimos también: "Fui a una conferencia y descubrí otros conocimientos...Vamos discutir más estas cosas. DESPUÉS nosotros trabajaremos este método..."

H. Decimos aún: "¡Caramba! ¡NUNCA estuve tan ocupado en mi vida!¡ No estoy teniendo tiempo para aplicar el método..."

I. Algunas veces, hablamos así: "creo que existen otros métodos más apropiados al caso de áreas administrativas y de servicio. El método propuesto es muy bueno para manufactura. Nuestro caso es diferente..."

J. El papel del LÍDER (Gerente) es comprender esta situación y conducir las personas bajo su autoridad para los CAMBIOS NECESARIOS PARA ENFRENTAR UNA ECONOMÍA GLOBALIZADA y garantizar la SUPERVIVENCIA de la empresa y de los empleos.

K. En este proceso de cambios, dos factores son decisivos:

1. Liderazgo

2. Educación y Entrenamiento

L. La experiencia ha mostrado que la empresa va bien cuando tiene un buen líder. En una empresa que va bien, algunas fábricas van bien y otras ni tan bien. En las fábricas que van bien, algunos departamentos van bien y otros no. Todo depende del líder local.

M. Buen liderazgo es sinónimo de buenos cambios.

N. Cuando una persona va a un curso o lee un libro, ella adquiere "conocimiento mental". Con el tiempo, este conocimiento desaparece. Peor: la persona piensa que sabe las cosas, pero la verdad no sabe.

O. Cuando una persona HACE alguna cosa con este conocimiento, ella adquirió el "conocimiento práctico". Este conocimiento nunca acaba. QUIEN SABE HACE.

P. El "conocimiento práctico" es superior al "conocimiento mental" porque el primero engloba el último.

Q. Solamente la práctica del conocimiento agrega valor (trae beneficio para las personas).

R. Los CAMBIOS en una empresa son la PRÁCTICA DEL CONOCIMIENTO.

S. Entonces, el líder debe conducir los cambios de la siguiente manera:

1. Primero da el CONOCIMIENTO del tema a su personal (EDUCACIÓN).

2. Después enseñe su personal a APLICAR este conocimiento, hombre a hombre, en el local de trabajo (ENTRENAMIENTO), inmediatamente. Enséñeles como hacer, personalmente.

3. Déjelos hacer, acompañándolos en el inicio.

4. FELICITE el buen resultado alcanzado.

T. EL LÍDER sabe que los CAMBIOS son el único camino para la SUPER-VIVENCIA de su empresa.

U. ¡Lidere estos cambios! Recuérdese: nosotros, seres humanos, detestamos cambios. No es fácil liderar cambios.

V. Gestión es lugar para líderes. Ni todos nosotros somos líderes.

2.4 Por que mejorar la gestión de la rutina en su área

A. Su empresa solo sobrevivirá a la guerra comercial global se ella estuviera ENTRE LAS MEJORES DEL MUNDO.

B. Su empresa estará entre las mejores del mundo si SU GESTIÓN estuviera entre las mejores del mundo en su especialidad.

C. Tener sus RESULTADOS entre los mejores del mundo es su RESPON-SABILIDAD como Gerente o Director.

D. Una buena Gestión de la Rutina es uno de los MEDIOS para alcanzarse esta FINALIDAD.

E. Pase estos conceptos para todo su equipo. La única forma de nosotros mejorarnos de hecho nuestro País es a partir de la mente y de los corazones de las personas, CAMBIANDO para nuevos niveles de competición.

2.5 Como planificar la mejoría de su planificación

A. La Gestión de la Rutina está basada en el método y en el humanismo (Vea Figura 2.2).

B. No existe un método rígido de mejoría de su gestión.

C. Las frentes indicadas deben ser atacadas SIMULTÁNEAMENTE.

D. Algunas personas acostumbran decir: "Primero vamos mejorar la estandarización, después mejoramos el resto".

E. En el lenguaje de la RESISTENCIA A LOS CAMBIOS, primero quiere decir: "bien despacio" y después quiere decir: "nunca".

F. Porlo tanto, va trabajando simultáneamente en el PDCA (Vea Anexo A), estandarización, ítems de control, 5S, eliminación de anormalidades, etc.

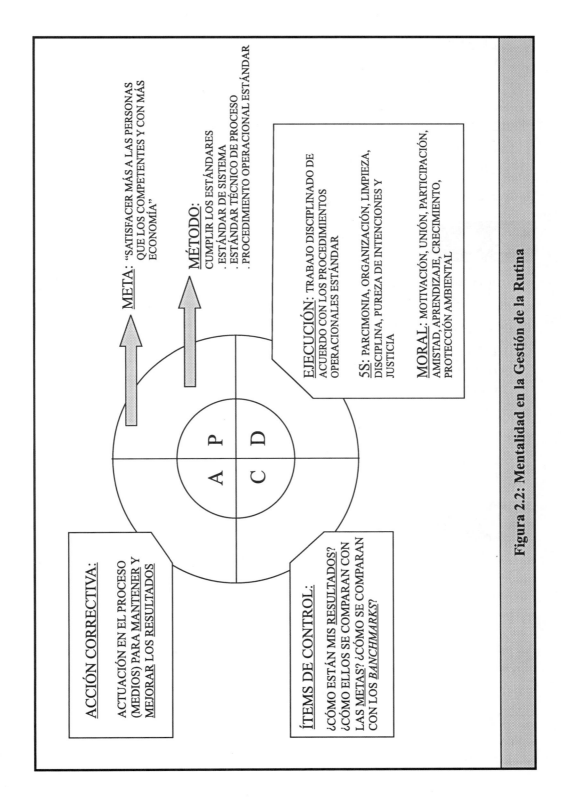

Figura 2.2: Mentalidad en la Gestión de la Rutina

META: "SATISFACER MÁS A LAS PERSONAS QUE LOS COMPETENTES Y CON MÁS ECONOMÍA"

MÉTODO:
CUMPLIR LOS ESTÁNDARES
. ESTÁNDAR DE SISTEMA
. ESTÁNDAR TÉCNICO DE PROCESO
. PROCEDIMIENTO OPERACIONAL ESTÁNDAR

EJECUCIÓN: TRABAJO DISCIPLINADO DE ACUERDO CON LOS PROCEDIMIENTOS OPERACIONALES ESTÁNDAR

5S: PARCIMONIA, ORGANIZACIÓN, LIMPIEZA, DISCIPLINA, PUREZA DE INTENCIONES Y JUSTICIA

MORAL: MOTIVACIÓN, UNIÓN, PARTICIPACIÓN, AMISTAD, APRENDIZAJE, CRECIMIENTO, PROTECCIÓN AMBIENTAL

ACCIÓN CORRECTIVA:
ACTUACIÓN EN EL PROCESO (MEDIOS) PARA MANTENER Y MEJORAR LOS RESULTADOS

ÍTEMS DE CONTROL:
¿CÓMO ESTÁN MIS RESULTADOS? ¿CÓMO ELLOS SE COMPARAN CON LAS METAS? ¿CÓMO SE COMPARAN CON LOS BANCHMARKS?

G. <u>Cada empresa es un caso diferente.</u> Tiene cultura diferente. Está en un nivel de avanzo gerencial diferente. Por esto es imposible haber un plan de mejoría de la gestión que sea igual para todas las empresas.

H. Sin embargo, le aconsejo a colocarse una META: ¡Convirtiendo su <u>Gestión de la Rutina excelente en dos años!</u> ¡Lo máximo!

I. Después, <u>arme un plan</u> de mejoría de Gestión de la Rutina para su propia gestión, basando aproximadamente en la Figura 2.3.

J. Inicie simultáneamente por las entradas indicadas en la Figura 2.3.

2.6 Incentivando cambios a través del SS

A. Implantar el 5S es una buena manera de iniciar la mejoría de su Gestión de la Rutina (Vea Figura 2.3).

B. El 5S potencializa su Gestión de la Rutina (Vea Figura 2.4).

C. El 5S promueve la aculturación de las personas a un ambiente de economía, organización, limpieza, higiene y disciplina, factores fundamentales a la elevada productividad.

D. El 5S pertenece a todas las personas.

E. Usted debe hacer todo el esfuerzo para que el 5S sea muy exitoso en su área. Procure el Instituto de Desenvolvimento Gerencial para ayudarlo al iniciar el 5S.

2.7 Tópicos para refletir por los "Grupos de Cumbuca"

A. En la última reunión de su "Grupo de Cumbuca", ustedes propusieron acciones para mejorar la empresa con base en la Tabla 1.1. ¿Ellas coinciden con las acciones propuestas en la Figura 2.3? Discutan las diferencias.

B. Cite por lo menos cinco anormalidades presentes en su área de trabajo.

C. Sugiero que cada un exponga a los compañeros del grupo lo que precisa ser cambiado en su propia área.

D. ¿Cómo <u>provocar</u> los cambios en su área?

E. Seria interesante discutir la cuestión: "conocimiento mental" y "conocimiento práctico". Discutan entrenamientos recientes y que no resultaron en nada.

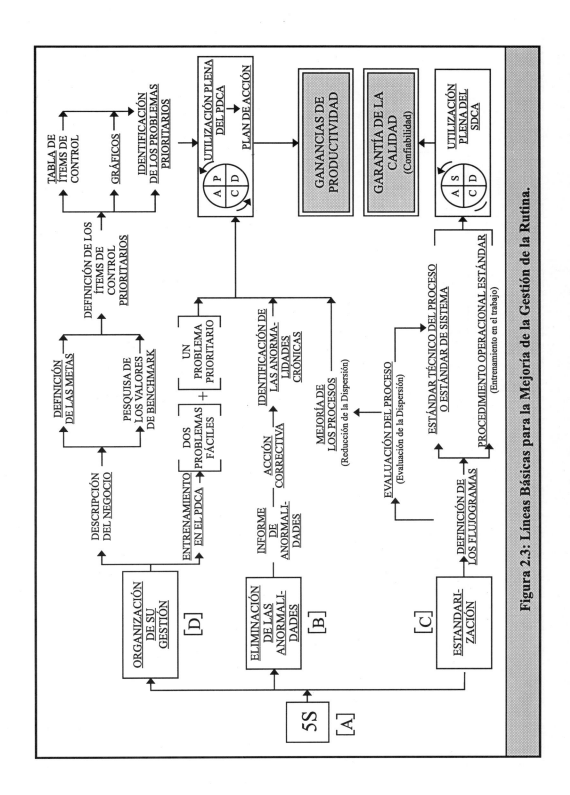

Figura 2.3: Líneas Básicas para la Mejoría de la Gestión de la Rutina.

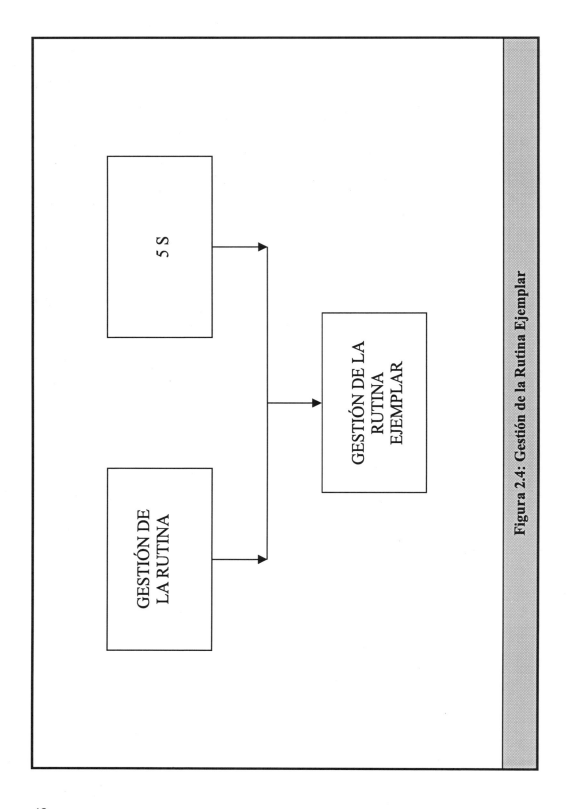

Figura 2.4: Gestión de la Rutina Ejemplar

F. Con la globalización de la economía, todas las empresas, en cualquier lugar del mundo, deben tener desempeño de <u>empresa buena de primer mundo</u>. ¿Están de acuerdo? Discutan este tema. ¿Cómo garantizar que su área de trabajo sea de primer mundo?

G. ¿Ustedes percibieron que, en cualquier posición jerárquica que ustedes estuvieron, ustedes serán el PRESIDENTE de "su empresa"?

H. Discutan al agotamiento la Figura 2.3.

I. Discutan el 5S. Soliciten películas, folletos, textos sobre el tema. El Instituto de Desenvolvimento Gerencial dispone de mucho material sobre el tema, inclusive relatos de casos prácticos.

CAPÍTULO 3

Cómo Gestionar para Mejorar los Resultados

Si usted está comenzando, es siempre bueno iniciar con una META, establecer un PLAN DE ACCIÓN y, en cuanto va implementando el plan, usted va trabajando en otras actividades.

A. La función principal de un Gerente es ALCANZAR METAS. Entonces ¿cuál es el secreto para ser un buen Gerente?

B. Nunca se olvide de esto:

"El secreto de una buena gestión está en saberse establecer un buen PLAN DE ACCIÓN para toda META DE MEJORÍA que se quiera alcanzar".

C. Ahora, otro secreto para su colección:

"El secreto de la gestión está en la observación de la siguiente secuencia durante el proceso de planificación:

1. Establezca con nitidez a donde usted quiere llegar (meta, finalidad, resultado, efecto, ...) con su ítem de control;

2. Levante informaciones sobre el tema en cuestión;

3. Verifique las causas que le están impidiendo de llegar allá (analice);

4. Proponga ACCIONES o contramedidas contra cada causa importante (esto es el PLAN)".

D. Los secretos arriba son válidos para cualquier nivel gerencial, inclusive Directores. El Gerente tiene que saber planificar.

E. Entonces guarde esto para el resto de su vida: TODA META DE MEJORÍA GENERA UN PLAN DE ACCIÓN.

F. Algunos gerentes hacen PLANES DE ACCIÓN mejor de que otros.

G. Si el PLAN DE ACCIÓN es bueno, la META DE MEJORÍA es alcanzada. ¡Por lo tanto algunos alcanzan las METAS y otros no!

H. Observe cuidadosamente la Figura 3.1. Si usted seguir el método propuesto en la Figura, usted alcanzará sus metas.

I. Usted puede comenzar a utilizar este método ahora mismo.

3.1   *Como hacer un plan de acción simplificado*

A. Existen <u>varias maneras</u> de armarse un Plan de acción.

B. Vamos comenzar por la <u>forma más simple</u>.

C. <u>Siga el método</u> (camino) colocado en la Tabla 3.1.

D. Arme un PLAN DE ACCIÓN como mostrado en la Tabla 3.2.

E. Coloque este plan de acción en un lugar visible y <u>ejecútelo con firmeza</u>. Él representa todo el conocimiento que usted consiguió sobre su problema.

3.2   *Perfeccionando su plan de acción*

A. El primer Plan de acción armado podrá hacerlo llegar a la META.

B. Si es así, óptimo. Significa que usted tuvo un buen plan.

C. Si usted no consiguió alcanzar su meta, es señal de que el plan ha sido insuficiente. Es decir, <u>el conocimiento (información) utilizado para armar el plan ha sido insuficiente</u>.

D. En este caso, no se preocupe, en el Capítulo 9 de este libro será mostrada una forma más completa para armar un PLAN DE ACCIÓN.

E. Pero, mientras tanto, no pierda tiempo. Utilice el método simplificado en todos sus problemas. Usted tendrá <u>buenos resultados</u>.

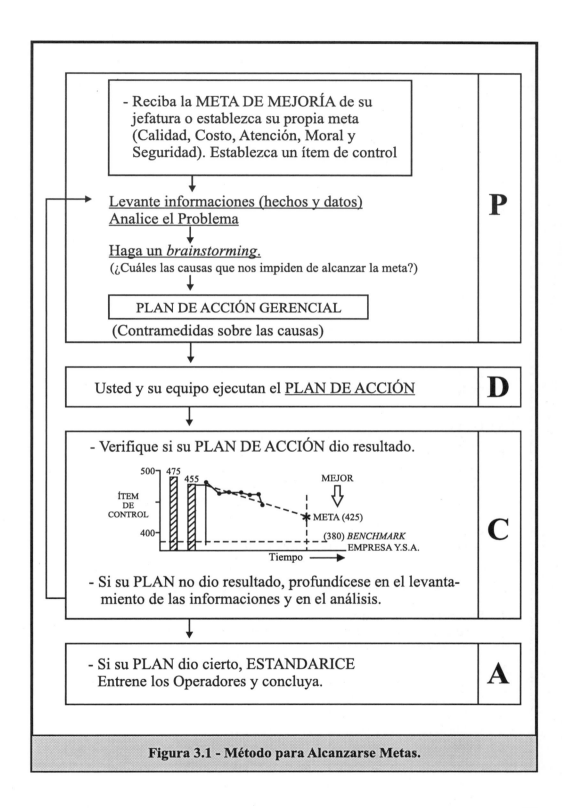

Figura 3.1 - Método para Alcanzarse Metas.

Tabla 3.1 - Cómo Montar Su Primer Plan de Acción

(1) Reciba de su jefe o establezca su propia META DE MEJORÍA. Levante todas las informaciones que usted pueda sobre el tema.

(2) Convoque todas las personas (ingenieros, técnicos, supervisores, operadores, otros gerentes, técnicos de empresas proveedoras, consultores, etc.) que usted siente que pueden contribuir, es decir, que "entiendan el proceso".

(3) Haga una reunión visitando, si posible, el local donde ocurre el tema. Tenga disponible bastante papel *flip-chart*, cinta adhesiva, plumones de varios colores, papel *post-it*, etc.

(4) En la reunión, primeramente coloque su meta de largo plazo (es aquella para superar el mejor del mundo). Después coloque su meta a ser alcanzada de, en el máximo, 1 año. Explique claramente cuanto la empresa va a ganar por año al ser alcanzada la meta. Escriba todo ello en hojas *flip-chart* colocadas en la pared. Use letras de molde muy grandes y coloridas para grabar en la mente de las personas. Discuta estos números con las personas. ¿Cuántas familias podrían ser mantenidas con la reducción de este desperdicio?

(5) Defina el problema del grupo. Escriba: NUESTRO PROBLEMA ES EXCESO DE ERRORES DE FACTURACIÓN (por ejemplo).

(6) Ahora pregunte al grupo: ¿POR QUÉ tenemos tantos ERRORES DE FACTURACIÓN? (por ejemplo). En este punto usted tiene dos opciones, o distribuye papel *post-it* y cada uno escribe una causa en cada papel, o cada uno va simplemente hablando lo que considera ser la causa del problema. El líder de la reunión escribe cada causa en papeles *flip-chart* y los coloca en la pared de la sala. No se olvide de preguntar porqué varias veces.

(7) Terminado el proceso de "colecta de causas", procure simplificarlas juntando causas similares y anulando causas consideradas sin importancia por el grupo. Si necesario, haga una votación.
Analice la consistencia de las causas en el proceso de limpieza:
 (A) ¿Cuál el impacto de la eliminación de cada causa en el resultado deseado (meta)?
 (B) ¿Está en mi ámbito de autoridad actuar sobre esta causa?

(8) Ahora, para CADA CAUSA oriunda de esta limpieza, discuta con el grupo una o más CONTRAMEDIDAS. Solo escriba en el papel *flip-chart* aquellas contramedidas acordadas por todos. Disponga estas contramedidas bajo la forma del 5W 1H. Listo, usted tiene un PLAN DE ACCIÓN, como muestra la Tabla 3.2.

Tabla 3.2: Ejemplo de un PLAN DE ACCIÓN (5W 1H).

CONTRAMEDIDAS (WHAT)	RESPON-SABLE (WHO)	PLAZO (WHEN)	LOCAL (WHERE)	JUSTIFICATIVA * (WHY)	PROCEDIMIENTO (HOW)
1. Nivelar la base del equipamiento	Trajano	31/8	Laminación	Para evitar quiebra del material	Desmontar el laminador principal, retirarlo con el puente rodante y elevar la base B2 en 2cm a través de planchas de acero perforadas para dar lugar al tornillo reglador.
2. Cambiar las guías	Augusto	31/8	Laminación	Para evitar paradas	Aprovechar el desmonte del laminador y cambiar las guias que ya se presentan gastadas.
3. Entrenar el personal	Mercondes	30/6	Centro Entre. y área	Para capacitarlos en los nuevos procedimientos	Utilizar los Procedimientos Operacionales Estándar RC-0-1-98 y RC-0-1-99 recientemente actualizados.
Aquí usted coloca las contramedidas oriundas del *brainstorming* (Vea Tabla 3.1).	Aquí solo se coloca un nombre y no un grupo o una sigla. El responsable debe ser una persona física.			En estas cinco columnas usted coloca los datos complementares como mostrado arriba.	* No deje de colocar esta columna (WHY). Las personas quieren saber por qué hacen cada cosa.

49

A. Se sugiere al grupo discutir el <u>método de planificación</u> iniciando de las finalidades (metas) para los medios (procedimientos).

B. ¿El grupo consigue percibir el método de planificación relacionado con los conceptos de autoridad (medios) y responsabilidad (finalidades)? ¿Y con procesos (medios) y productos (finalidades)?

C. Se sugiere al "Grupo de Cumbuca" colocarse una meta y, siguiendo la Tabla 3.1, armar un <u>plan de acción</u> en conjunto. Nada mejor de que <u>practicar</u> para entender (La meta podría ser algo que todos entendiesen. Por ejemplo: reducir el consumo de gasolina de su auto en el 10% hasta el final del año). Armen un plan de acción como en la Tabla 3.2.

D. Observen la Figura 3.1. Sugiero al grupo discutir el PDCA como <u>método de gestión</u>. Discutan la necesidad de tenerse la secuencia (método): <u>meta</u>, <u>plan de acción</u>, <u>ítem de control</u> para verificación y <u>estandarización</u>.

E. Comparen y discutan la Figura 3.1 y el lado izquierdo de la Tabla 1.1 (flechas decendentes). Toda meta de mejoría provoca alteración de los estándares. ¿Lo vieron?

CAPÍTULO 4

Cómo Estandarizar su Área de Trabajo

A. El estándar es el <u>instrumento básico</u> de "Gestión de la Rutina del Trabajo del Cotidiano".

B. El estándar es <u>el instrumento que indica la meta (finalidad) y los procedimientos (medios) para ejecución de los trabajos, de tal manera que cada un tenga condiciones de asumir la responsabilidad por los resultados de su trabajo.</u>

C. El estándar es la propia <u>planificación del trabajo</u> a ser ejecutado por el individuo o por la organización.

D. No existe Gestión sin Estandarización. Comience la estandarización por el proceso prioritario y solamente las tareas prioritarias.

4.1 Flujograma

A. En la Gestión, se utiliza el flujograma con dos objetivos:

1. GARANTIZAR LA CALIDAD

2. AUMENTAR LA PRODUCTIVIDAD

   El flujograma es el inicio de la estandarización (garantía de la calidad) (Ver Figura 2.3).

B. Todos los gerentes, en todos los niveles, deben establecer los flujogramas (estándares) de los procesos sobre su autoridad. Por ejemplo: compras, ventas, previsión de ventas, planificación estratégica, facturación, contabilidad, asistencia técnica, desdoblamiento de las directrices, desarrollo de nuevo producto, establecimiento de cantero de obras, mantenimiento preventivo, etc.

C. Mapee su área. Haga un flujograma para cada producto de su gestión, Especificando los varios PROCESOS. No quiera hacer <u>perfecto</u> en la primera vez. No tenga miedo de equivocarse (Vea Anexo C). <u>Comience por su producto prioritario</u> (producto crítico).

D. Haga un flujograma que refleje la <u>situación real</u> y no aquella que usted imagina. Vaya al <u>local real</u> y converse con las personas. Certifíquese.

E. Cuando el flujograma estuviera listo, haga críticas. Reúna un grupo de personas y a través de un *brainstorming* pregunte:

    (a) ¿este proceso es necesario?

    (b) ¿cada etapa del proceso es necesaria?

    (c) ¿es posible simplificar?

    (d) ¿es posible adoptar nuevas tecnologías (informatización o automación) en todo o en parte?

    (e) ¿qué es posible centralizar/descentralizar?

F. ¿Una de las definiciones del proceso es: "toda operación que introduce una Modificación de forma, composición, estructura, etc.". Esta definición sirve tanto para el área de manufactura cuanto para mantenimiento y administración.

G. Especifique las tareas conducidas en cada proceso. ¿Cuántas tareas existen en su área de trabajo? ¿Cuántas personas trabajan en cada una (Vea Tabla 4.1)?

H. Arme un <u>Manual</u> para cada proceso importante.

4.2   *Como definir las tareas prioritarias*

A. Ahora haga una reunión con sus Supervisores y determine, junto con ellos, cuáles son las TAREAS PRIORITARIAS a ser estandarizadas (vea Tabla 4.1). No se olvide: <u>comience siempre del flujograma de su producto prioritario</u> (o crítico).

B. <u>Tareas Prioritarias</u> son aquellas donde:

    1. si hay un pequeño error, afectan fuertemente la calidad del producto;

    2. ya ocurrieron accidentes en el pasado;

    3. ocurren "problemas" en la visión de los Supervisores y en la suya.

C. Existen otras formas de <u>priorizarse la estandarización</u> de los procedimientos operacionales. Veremos esto más tarde.

Tabla 4.1: Priorización para Estandarización (La tabla es simulada y no corresponde al ejemplo real. Sirve solo como ejemplo didáctico).

FLUJOGRAMA	TAREAS	Número de personas que trabajan en la tarea	Nivel de prioridad de la tarea	Orden de estandarización	Prioridad para la fase "Arreglando la casa"
PREPARAR LA CHATARRA	Preparación de la torre	4	C	7	
	Ajuste	4	C	8	
TRANS-PORTAR	Operación de ponte	6	A	1	↓
PREPARAR EL HORNO	Operación de cabina	4	A	2	↓
	Operación de plataforma	16	B	4	↓
	Montaje	8	C	5	
FUNDIR Y REFINAR	Operación de fusión	4	A	3	↓
	Operación de refino	8	C	6	

Algunas de ellas son:

1. ocurrencia de accidentes,

2. reclamaciones de clientes,

3. análisis de anormalidades de alto precio,

4. análisis de anormalidades repetitivas,

5. alta dispersión (evaluación del proceso), etc.

D. La priorización inicial es hecha, llevándose en cuenta los criterios arriba (ítem B) y las tareas pueden ser clasificadas en A, B y C, siendo A las prioritarias.

E. La "orden de estandarización" (vea Tabla 4.1) es hecha con las siguientes consideraciones:

1. Primeramente las tareas A (prioritarias);

2. Entre estas, aquella en la cual trabajan más personas;

3. Las restantes en la orden de montante ajustante.

F. En esta primera fase, usted debe estandarizar solamente las tareas A, o entonces incluir también una u otra B en la cual trabajen muchas personas.

G. Existen otros métodos más avanzados, como Análisis de Confianza e Ingeniería de Sistemas, para conducir esta priorización.

4.3 Procedimientos Operacionales Estándar (Standard Operation Procedure - SOP)

Si usted está responsable por la gestión de una empresa (o de un proceso) nuevo, entonces usted deberá recibir los Procedimientos Operacionales Estándar ya listos del área administrativa, del área de ingeniería o del proveedor del equipamiento. En este caso, solo le sobra entrenar su personal de acuerdo con estos procedimientos. Más tarde usted podrá perfeccionarlos en relación de sus resultados (vea Figura 4.1).

Sin embargo, si usted trabaja en una empresa en funcionamiento y si no existieren estándares, usted y sus Supervisores deberán tomar la iniciativa de redigitar los Procedimientos Operacionales Estándar, relatando la situación actual, y de entrenar su personal. Comiencen por las tareas prioritarias.

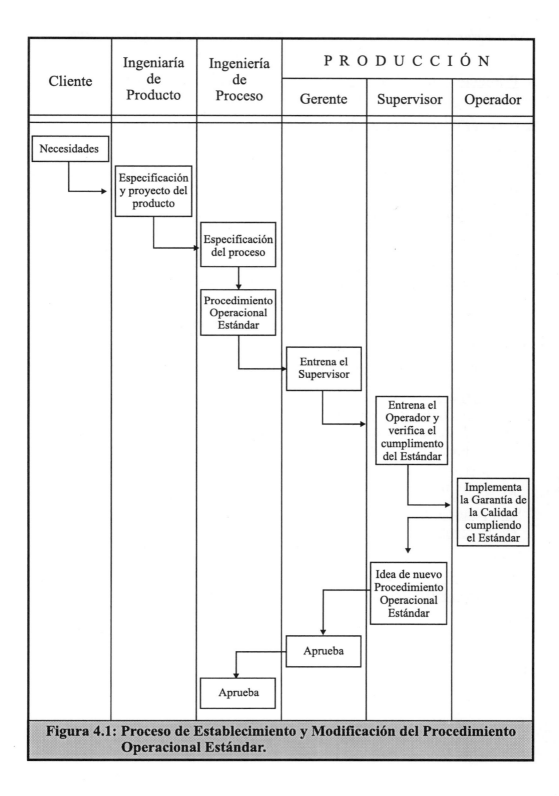

Cliente	Ingeniaría de Producto	Ingeniería de Proceso	PRODUCCIÓN		
			Gerente	Supervisor	Operador

Necesidades

Especificación y proyecto del producto

Especificación del proceso

Procedimiento Operacional Estándar

Entrena el Supervisor

Entrena el Operador y verifica el cumplimento del Estándar

Implementa la Garantía de la Calidad cumpliendo el Estándar

Idea de nuevo Procedimiento Operacional Estándar

Aprueba

Aprueba

Figura 4.1: Proceso de Establecimiento y Modificación del Procedimiento Operacional Estándar.

No se olvide: esto es válido para todos, área administrativa, de compras, de ventas, de Producción, de mantenimiento, etc .

A. <u>Primeramente certifíquese</u> como cada Operador de aquella tarea está trabajando (esto debe ser hecho en todos los turnos).

B. Esta verificación puede ser hecha a través de un *check-list* o mismo de una <u>cámara de video</u>.

C. Pida a sus Supervisores para discutir con los Operadores las <u>diferencias</u> que ustedes encontraron.

D. Ahora usted y sus Supervisores definan la "<u>secuencia cierta</u>" para el trabajo.

E. <u>Asegúrese de que todos los Operadores, en todos los turnos, que ejecutan la misma tarea, están conduciendo su trabajo de la misma forma.</u>

F. Finalmente, coloque la "secuencia cierta" (secuencia de "actividades críticas") en un "<u>pedazo de papel cualquier</u>". Esto es llamado "croquis".

G. No hay necesidad de escribirse mucho. Basta enumerar esos "pasos críticos" de la <u>forma más resumida</u> posible y en la secuencia cierta.

H. <u>Paso crítico</u>" es un paso que tiene que ser hecho para que la tarea tenga <u>buen resultado</u>. Por ejemplo: "retirar las sillas del auditorio, antes de lavar el piso". La crítica aquí es <u>retirar las sillas, antes de lavar el piso</u>. El Operador es libre para retirar las sillas a su forma: dos de cada vez, una de cada vez, con la mano izquierda, con la mano derecha, comenzando por la frente, comenzando por atrás, etc. Nada de eso es crítico.

I. <u>Solo se estandariza aquello que es necesario estandarizar, para garantizar cierto resultado final deseado.</u>

J. Entregue el pedazo de papel mencionado en el ítem F a la "<u>Oficina de Estandarización</u>", que colocará el procedimiento en el <u>formato cierto</u> y en el <u>manual</u>, como demostrado en el ejemplo de la Figura 4.2.

K. Esto es estandarizar procedimientos operacionales. Es simple mismo. ¡No complique!

L. Estandarizando de esta forma, sus resultados deberán mejorar ¡sustancialmente!

RESTAURANTE ESTÁNDAR LTDA.	PROCEDIMIENTO OPERACIONAL ESTÁNDAR	Estándar Nº: RP-C-03
		Establecido en: 24.03.94
NOMBRE DE LA TAREA: Preparo del café		Recibido en: 08.04.1994
RESPONSABLE: Ayudante de cocina		Nº de la Revisión: Primera

MATERIAL NECESARIO

TETERA	1	PORTA-FILTRO		
CAFÉ EN POLVO	-	CONECTOR		
MEDIDOR DE CAFÉ	1	TAZA ESTÁNDAR		
TERMO	1	GUANTE TÉRMICO		
COLADOR DE PAPEL	-			

PASOS CRÍTICOS

01 - VERIFICAR CUÁNTAS PERSONAS BEBERÁN CAFÉ.
02 - COLOCAR AGUA PARA HERVIR EN LA TETERA (1 TAZA ESTÁNDAR POR PERSONA).
03 - COLOCAR POLVO DE CAFÉ EN EL COLADOR (1 MEDIDOR DE CAFÉ POR PERSONA).
04 - LAVAR EL TERMO.
05 - ARREGLAR EL COLADOR SOBRE EL TERMO A TRAVÉS DEL CONECTOR.
06 - CUANDO EL AGUA COMIENCE A HERVIR, COLOCAR UN POCO SOBRE EL POLVO DE MODO A MOJAR TODO EL POLVO.
07 - TRAS TREINTA SEGUNDOS, COLOQUE EL RESTO DEL AGUA EN EL COLADOR.
08 - PRONTO TODO EL CAFÉ ESTÉ COLADO, RETIRE EL COLADOR Y CIERRE EL TERMO.

MANOSEO DEL MATERIAL

01 - TRAS CADA COLACIÓN, LAVAR TODO EL MATERIAL, SECAR Y GUARDAR.
02 - EL POLVO DE CAFE DEBE SER MANTENIDO SIEMPRE EN LA LATA CERRADA.

RESULTADOS ESPERADOS

01 - CAFÉ SIEMPRE NUEVO (UN MÁXIMO HASTA 1 HORA DESPUÉS DE COLADO).
02 - CAFÉ EN LA MEDIDA (NI TAN DÉBIL, NI FUERTE).

ACCIONES CORRECTIVAS

CASO HAYA RECLAMACIONES DE QUE EL CAFÉ ESTÁ DÉBIL O FUERTE, VERIFICAR SI FUE UTILIZADA LA CANTIDAD CIERTA DE AGUA, LA CANTIDAD CIERTA DE POLVO O SI HUBO CAMBIO EN LA CALIDAD DEL POLVO. SI HAY DUDA, CONSULTE LA JEFATURA.

APROBACIÓN:

EJECUTOR	EJECUTOR	EJECUTOR	SUPERIOR	JEFATURA

Figura 4.2: Ejemplo de un Procedimiento Operacional Estándar[6].

M. Siempre que posible, <u>disponga los pasos críticos de forma pictórica</u>, para facilitar el entendimiento y el entrenamiento del Operador, como demostrado en la Figura 4.3. Fotografías también pueden ser utilizadas.

N. Un Procedimiento Operacional Estándar como el de la Figura 4.3 hace obvio para el Operador la "secuencia cierta" (primero asentar, después atornillar los tornillos grandes y solo después los pequeños). Estos son los tres "pasos críticos".

O. En el Procedimiento Operacional Estándar de la Figura 4.3 es aún demostrado el estándar de presión para el atornillador neumático (entre 3 y 4 Kg./cm^2) y lo que ocurre si esta presión estuviera encima o abajo de la faja estimada.

P. Si el Procedimiento Operacional Estándar fuera suficientemente claro, simples, completo (incluir todas los pasos críticos), pictórico y fuera acompañado, si necesario, de un vídeo-casete, el Manual de Entrenamiento podrá ser retirado.

Q. El buen sentido indicará cuales de las tareas prioritarias (de los procesos críticos) necesitarán del Manual de Entrenamiento.

4.4 Tópicos para reflexión por los "Grupos de Cumbuca"

A. Antes de ir para la reunión del "Grupo de Cumbuca", lean el Anexo C y hagan un pequeño flujograma de un proceso cualquier de su área de trabajo, mismo que sea apenas un pedazo de un proceso. Presenten a los compañeros.

B. Busquen armar una tabla igual a la Tabla 4.1, a partir del flujograma anterior. Discutan con los compañeros las dificultades encontradas.

C. Discutan la practicidad de escogerse las "tareas prioritarias" para estandarización.

D. Sugiero a uno de los miembros del grupo presentar a los otros cómo él haría para estandarizar una tarea prioritaria. Discutan el procedimiento propuesto.

E. Busquen discutir bien la afirmativa: "solo se estandariza aquello que es necesario para garantizar un <u>resultado</u> final".

F. Si ustedes ya tienen Procedimientos Operacionales Estándar, discutan su forma y contenido, teniendo en cuenta lo que aquí ha sido expuesto. ¿Es simple? ¿Es pictórico? Lleven ejemplos para la reunión.

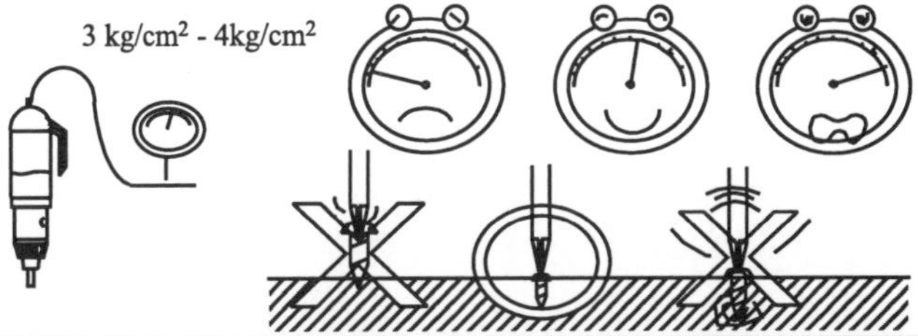

Figura 4.3: Ejemplo de un Procedimiento Operacional Estándar (pictórico).

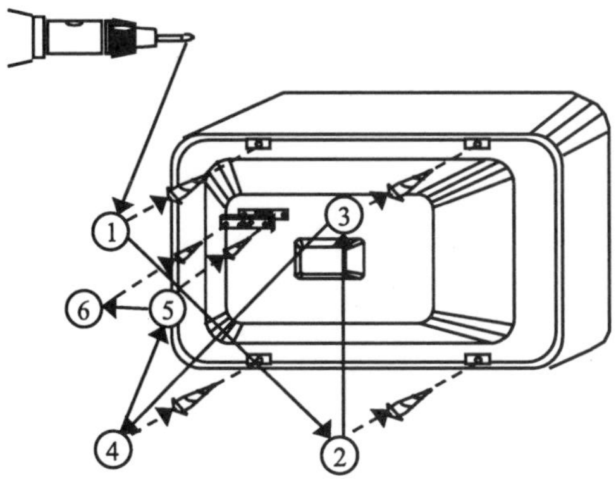

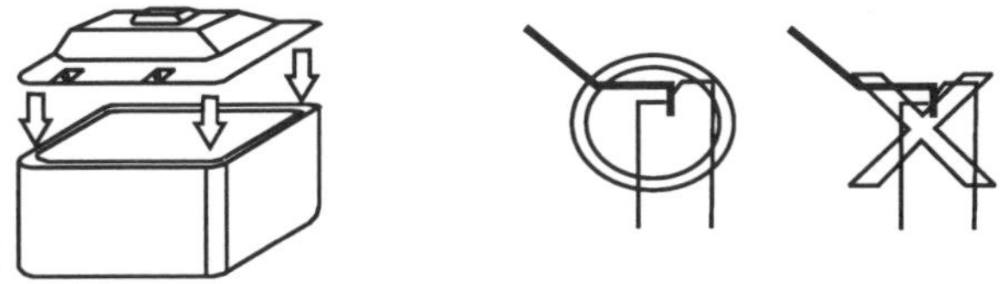

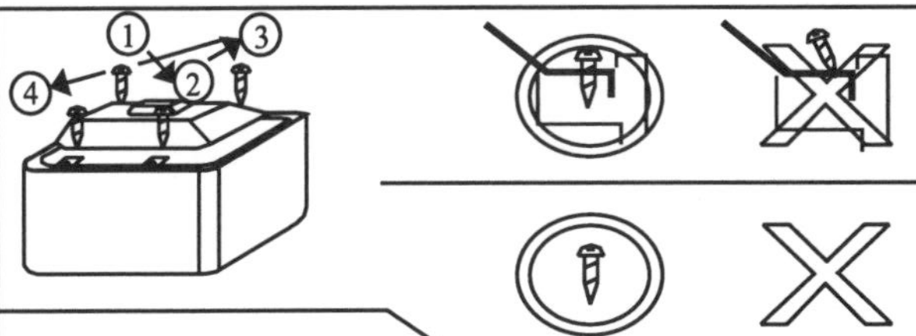

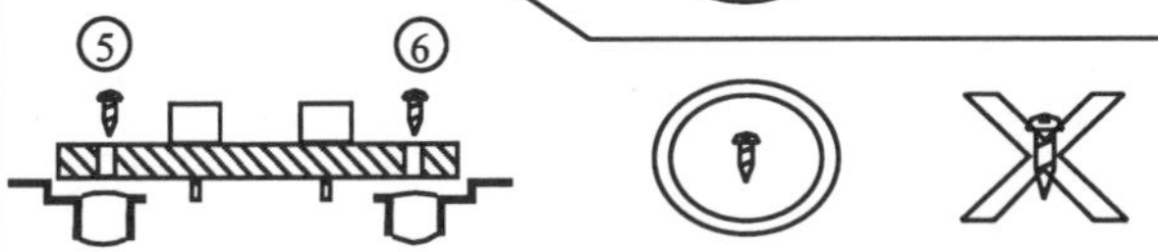

CAPÍTULO 5

Cómo Eliminar las Anormalidades

A. Primero haga Planes de Acción y profundice la ESTANDARIZACIÓN (y consecuentemente entrenamiento) en su área, después inicie la eliminación de las anormalidades.

B. Cualquier desvió de las condiciones normales de operación es una ANORMALIDAD y exige una <u>ACCIÓN CORRECTIVA</u>.

C. Este capítulo trata del <u>papel de cada uno en la toma de acciones correctivas</u> para la eliminación definitiva de las anormalidades.

D. Las informaciones contenidas en este ítem son vitales para el buen desempeño de su gestión. Comience siempre por el producto crítico (aquel con alto desecho, con reclamación de clientes, etc.).

E. La experiencia en varias empresas brasileñas muestra que el área operacional es siempre un punto <u>muy débil</u>. Esto es verdad tanto para los sectores de servicio, cuanto de manufactura y de mantenimiento.

F. Las medidas expuestas a continuación son simples, de fácil implementación y tienen que ser colocadas en práctica con la máxima urgencia, siguiendo la estandarización.

5.1 Muestre las funciones de cada uno

A. El <u>conocimiento de las funciones</u> desempeñadas por cada uno dentro de su gestión es muy importante.

B. La definición de las funciones demostrada en la Tabla 1.1 es fundamental para el <u>entendimiento del trabajo</u> de cada uno.

C. Comience a demostrar su equipo, a través del <u>entrenamiento en el traba-jo</u>, a las funciones de cada uno y lo que debe ser hecho para que el equipo pueda trabajar de forma más armónica y eficiente.

5.2 Preparando sus operadores

(acompañe por la Tabla 1.1)

A. Todas las personas cuya principal función es <u>cumplir Procedimientos Operacionales Estándar</u> son Operadores (por ejemplo: contadores, compradores, operadores de máquina, secretaria, profesores, vendedores, cocineros, etc.).

B. Más del 90% de las personas de una empresa son Operadores, porque ocupan la mayoría de su tiempo en la función operación.

C. Es por esta razón que la ESTANDARIZACIÓN es importante.

D. El entrenamiento de los Operadores bien como de todas las personas, cuando ejercen la función operación, es basando en estandarización. Este es el <u>entrenamiento operacional</u>.

E. ¿Qué hace entonces un Operador?

En situación normal (vea Tabla 1.1)

F. Cuando todo ocurre bien, es responsabilidad del Operador <u>cumplir los Procedimientos Operacionales Estándar</u> para su propia seguridad y bienestar, para satisfacción de sus clientes y garantía de supervivencia de la empresa.

G. Esto tiene que ser ENSEÑADO al Operador.

H. Solicite un pequeño curso sobre <u>estandarización para operadores</u>.

En situación de ocurrencia de Anormalidades (vea Tabla 1.1)

I. Los Operadores deben RELATAR LAS ANORMALIDADES, tanto las buenas como las malas, para que las <u>causas</u> sean localizadas y las <u>acciones correctivas</u> puedan ser tomadas.

J. Una anormalidad es una no-conformidad. Es todo que sea "diferente" de lo usual o fuera anormal. Puede ser un problema con el producto, un punto fuera de los límites en el gráfico, una bulla extraña en el equipamiento, una rugosidad no común en un componente, una reclamación del cliente, etc.

K. Es necesario ENSEÑAR a Los Operadores la importancia del relato de anormalidades.

L. Es necesario, también, preparar a los Supervisores para ESCUCHAR el informe de anormalidades y AGRADECER al Operador por esta contribución a la supervivencia de la empresa.

M. En el entrenamiento de los Operadores en Informe de Anormalidades, resaltar los "5 SENTIDOS":

1. Olfato

2. Tacto

3. Audición

4. Paladar

5. Visión

Ejemplos:

1. "¡Jefe, la bulla de esta máquina está diferente hoy!"

2. "Jefe, esta pieza está más áspera que lo normal".

3. "Jefe, la consistencia de la casca de las frutas que vamos servir en la cena no está buena".

4. "¿Jefe, está sintiendo un olor raro en esta carne?"

5. "Jefe, este aceite está más viscoso que lo normal".

6. "¿Jefe, usted observó estos pequeños cortes?"

7. "Jefe, el gráfico muestra una tendencia de no-conformidad".

5.3 Preparando sus supervisores

(Acompañe por la Tabla 1.1)

A. El Supervisor tiene tres papeles en su trabajo:

1. Verificar el cumplimiento de los Procedimientos Operacionales Estándar y entrenar los Operadores;

2. Conducir el tratamiento de anormalidades (vea adelante);

3. Ayudar al Gerente a resolver los problemas de la gestión (actuando, en este caso, en la función asesora).

B. Cuidado. La experiencia con las empresas brasileñas enseña que el Supervisor puede no estar informado de esto.

C. Es común encontrar Supervisores haciendo tareas de Operadores - lo que es una pérdida para la empresa y para la propia vida profesional del Supervisor.

PLAN DE DIAGNÓSTICO DEL TRABAJO OPERACIONAL

Empresa X Ltda.

Sección:

Supervisor:

MESES

Operadores \ Meses	E	F	M	A	M	J	J	A	S	O	N	D
Augusto	X						X					
Souza		X						X				
Dornelles			X						X			
Vargas				X						X		
Manoel					X						X	
Pereira						X						X
Antenor	X						X					
Fiuza		X						X				
Teles			X						X			
Praxedes				X						X		
João					X						X	

Figura 5.1: Modelo de un Plan de Diagnóstico del Trabajo Operacional.

Empresa X Ltda.	DIAGNÓSTICO DE TRABAJO OPERACIONAL		
Sesión: Servicios alimentares Operador: Augusto	Supervisor: Manual Antônio Souza Tarea: Preparo de café	Fecha: 21.07.94 Procedimiento Operacional: RP-C-03	

PASOS CRÍTICOS	Sí	No	OBSERVACIONES
1. Verificar cuantas personas tomarán café.	✓		Colocar aquí observaciones cuanto a la (al):
2. Colocar agua para hervir en la tetera (1 taza por persona)	✓		1. Entrenamiento adicional necesario.
3. Colocar polvo de café en el colador (1 medidor de café por persona)	✓		2. Entrenamiento dado por ocasión del diagnóstico.
4. Lavar el termo.		✓	3. Dificultad en cumplir los estándares por parte del operador.
5. Colocar el colador sobre el termo a través del conector.	✓		4. Riesgos de accidente en la tarea.
6. Cuándo el agua comenzar a hervir, colocar un poco sobre el polvo de tal manera a mojar todo el polvo.	✓		5. Recomendaciones para modificar el estándar (Vea Figura 4.4). Etc.
7. Tras treinta segundos, colocar el resto del agua en el colador.		✓	*OBS.: lo no cumplimento de un procedimiento operacional estándar es una "anormalidades" (no-conformidad del trabajo) y debe ser tratado mediante un "análisis de anormalidades" (¿por qué el procedimiento no fue cumplido?).*
8. Así que todo el café esté colado, retirar el filtro y cerrar el termo	✓		

Visto ——— Operador   Visto ——— Supervisor   Visto ——— Jefe de Sesión

Figura 5.2: Modelo de Informe de Diagnóstico Realizado por el Supervisor.

D. ¡Necesitamos aumentar el valor agregado del trabajo del Supervisor!

E. ¿Cómo debe trabajar el Supervisor?

En situación normal (vea Tabla 1.1)

F. El Supervisor debe verificar (diagnosticar) si los Operadores están trabajando de acuerdo con los Procedimientos.

G. Este diagnóstico debe ser conducido de manera formal en los primeros seis meses, para entrenamiento del Supervisor. Después la formalidad puede ser abandonada.

H. El Supervisor debe hacer un "Plan de Diagnóstico del Trabajo Operacional", que es un simple Plan anual para conducir este trabajo, como muestra la Figura 5.1 (este Plan es hecho solo para la etapa de entrenamiento del Supervisor. Después no hay necesidad).

I. Este Plan debe quedarse para muestra, en la oficina del Supervisor.

J. El diagnóstico es conducido de acuerdo con un formulario preparado por otra sección (sector de RH u Oficina de Estandarización). El formulario demostrado en la Figura 5.2 es auto-explicativo. Este formulario también solo es utilizado durante el período de entrenamiento.

En situación anormal (vea Tabla 1.1)

K. Una situación anormal exige acción correctiva. ¿Cómo actuar? Observe que la Figura 5.3 muestra un flujograma funcional del "proceso de tratamiento de las anormalidades" dentro de la gestión.

L. La primera cosa a ser hecha por el Supervisor es retirar el síntoma (por ejemplo: "quemó el motor; cambie el motor") y verificar el cumplimiento del Procedimiento Operacional Estándar. La Figura 5.4 muestra la manera de actuación del Supervisor en la verificación del cumplimiento del Procedimiento Operacional Estándar.

M. Caso el Procedimiento Operacional Estándar no haya sido cumplido, la retirada del síntoma hará con que el estándar vuelva a ser cumplido.

N. Sin embargo, el hecho del estándar no haya sido cumplido es por si solo una Anormalidad cuya causa precisa ser encontrada y eliminada. La Figura 5.4 muestra varias causas de este tipo de anormalidad y nueve contramedidas propuestas.

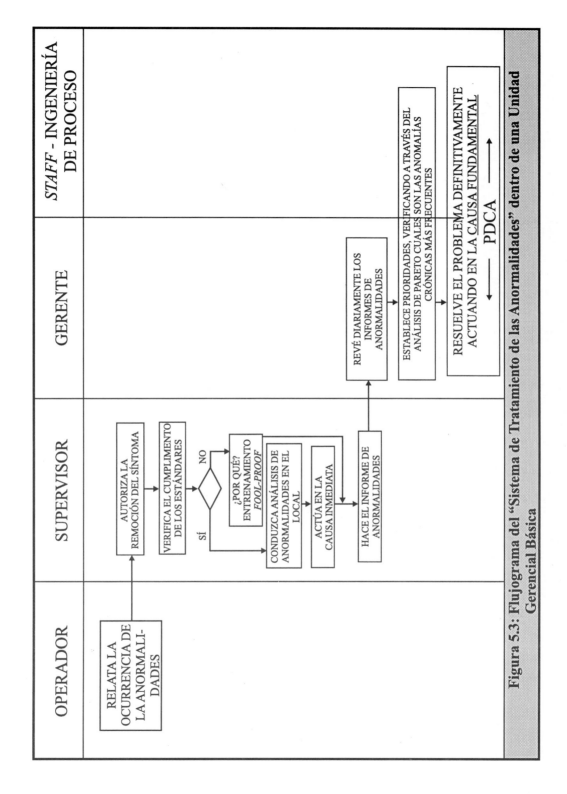

Figura 5.3: Flujograma del "Sistema de Tratamiento de las Anormalidades" dentro de una Unidad Gerencial Básica

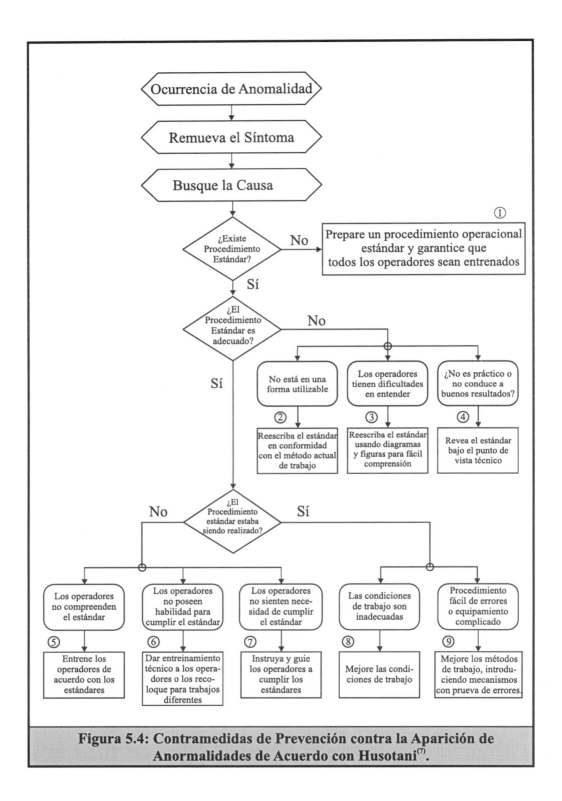

Figura 5.4: Contramedidas de Prevención contra la Aparición de Anormalidades de Acuerdo con Husotani[7].

O. Algunas veces el Operador conoce el estándar y no lo cumple por distracción. En estos casos, como el ser humano no es infalible, es bueno pensar en mecanismos *fool-proof*. Para esto contacte la ingeniería.

P. Regresando a la Figura 5.3, caso el Procedimiento Operacional Estándar se haya cumplido, conduzca un "Análisis de Anormalidad".

Q. "Análisis de Anormalidad" es la búsqueda en el sumario y rápida de la **causa inmediata** de la anormalidad (pensando en el diagrama de causa y efecto). ¿Por qué ocurrió la anormalidad? ¿Hubo cambios en la materia prima? ¿Hubo cambio de personal? ¿Alguien faltó? ¿Hay alguien mal entrenado? ¿Hubo mantenimiento en algún instrumento de medida? ¿Y en el equipamiento principal? Hubo algún cambio climático, etc.

R. El "Análisis de la Anormalidad" debe ser hecho en el área de trabajo, preferible al frente a un diagrama de causa-y-efecto pintado en un cuadro (2m x 1m), con la participación de Supervisores, Líderes y Operadores. Él propicia un pequeño plan de acción emergencial.

S. Este Análisis de la Anormalidad puede ser hecho en el turno y a lo largo de los turnos, con la contribución de otros turnos.

T. Más tarde el propio Gerente debe retomar el Análisis de la Anormalidad para acrecentar recomendaciones al plan de acción del Supervisor.

U. El supervisor debe rellenar el "Informe de Anormalidad", que debe ser revisado por el Gerente y su *staff* (Vea moldes de Informe en el Anexo B).

Este informe debe ser estandarizado, especificándose cual debe ser su contenido, como debe ser rellenado, quien debe rellenar, quien debe recibir copias y que debe ser hecho con la información por parte de quien lo recibe. Comience con un informe simple.

V. Es probable que su Supervisor no conozca estas cosas. Providencie un curso con ejercicios en "Análisis de las Anormalidades", armar el Plan de Acción y cumplimentación del "Informe de Anormalidad".

W. Finalmente, el Supervisor debe gastar aproximadamente el 50% de su tiempo con el diagnóstico y con la acción correctiva. El resto de su tiempo debe ser utilizado ayudando al Gerente a resolver los problemas crónicos.

X. Por lo tanto, entrene su Supervisor en el PDCA - Método de Solución de Problemas, como demostrado en la Figura A3 del Anexo A y en el Anexo E.

Y. En este punto usted ciertamente está conciente de la <u>ausencia de preparo de su equipo</u>. ¡Además de todo eso, hay mucho más!

Z. Es una <u>larga caminada</u>, que se inicia con el primer paso rumbo a la excelencia. ¡Manos a la obra!

5.4 ¿Cuál es su papel?

A. La Tabla 1.1 va a, una vez más, ayudar a comprender el papel de cada uno en su empresa.

B. El gerente debe guardar su tiempo para tres acciones básicas:

1. <u>entrenar sus colaboradores inmediatos</u> (cuanto más capaces sean sus colaboradores más tiempo usted tendrá);

2. <u>actuar en las anormalidades,</u> como relatadas en los "Informes de Anormalidad" <u>en base diaria</u> y <u>semestral</u> (buscando la solución de las anormalidades crónicas de forma definitiva y a través del PDCA - Método de Solución de Problemas);

3. actuar junto con sus jefes, <u>planificando el futuro</u> y conduciendo las mejorías en su área (<u>alcanzando METAS</u>).

C. ¿Entonces, como el Gerente debe trabajar?

En situación normal (Tabla 1.1).

D. <u>Entrena su colaborador inmediato.</u> Este entrenamiento es conducido en el trabajo, enseñando en el momento aquello que él no sabe. El principal entrenamiento del Supervisor es aquel conducido para capacitarlo a desempeñar su principal función: ¡entrenar los Operadores! Vea Tabla 5.1.

E. Conduce las acciones necesarias para se <u>alcanzar las metas</u> colocadas por usted y por el jefe.

F. <u>Analiza anticipadamente los resultados malos</u> ("puntos débiles") de sus ítems de control para viabilizar un buen Desdoblamiento de las Directrices de la alta dirección.

G. Este análisis anticipado, ocurrido de seis en seis meses, puede ser hecho como muestra la Figura 5.5 y el informe enviado a su jefe. Esto es pieza fundamental para el Desdoblamiento de las Directrices. Este informe es llamado "<u>Informe de la Situación Actual</u>" (*Status Report*) y tiene la forma de un Informe de las Tres Generaciones (vea Tabla 9.3).

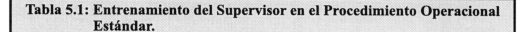

Tabla 5.1: Entrenamiento del Supervisor en el Procedimiento Operacional Estándar.

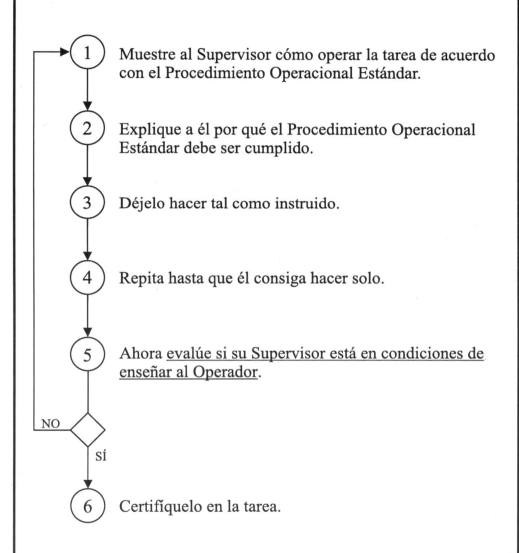

1. Muestre al Supervisor cómo operar la tarea de acuerdo con el Procedimiento Operacional Estándar.

2. Explique a él por qué el Procedimiento Operacional Estándar debe ser cumplido.

3. Déjelo hacer tal como instruido.

4. Repita hasta que él consiga hacer solo.

5. Ahora evalúe si su Supervisor está en condiciones de enseñar al Operador.

NO

SÍ

6. Certifíquelo en la tarea.

OBS: Observe que esta secuencia es la base del entrenamiento operacional en cualquier nivel jerárquico. Por ejemplo: un Gerente de Ventas debería ser entrenado en cómo hacer una previsión de ventas exactamente como aquí mostrado.

En situación anormal (Tabla 1.1)

H. Crea ambiente para el relato de anormalidades. <u>Realza quien relata anormalidades</u>.

I. <u>Actúa diariamente</u> (primera cosa a hacer por la mañana) analizando y reforzando las medidas propuestas en el Informe de Anormalidades (vaya hasta el local de la anormalidad). No se debe marcar ninguna reunión gerencial antes de las 10 horas de la mañana, de tal manera que haya tiempo para que este trabajo de "revisión a diario" pueda ser conducido.

J. Analiza periódicamente los informes de anormalidad en su conjunto, haciendo un <u>Análisis de Pareto para identificar las anormalidades crónicas prioritarias</u>, tal como muestra la Figura 5.5.

K. Lidera grupos de personas (Supervisores y *Staff*) de su propia gestión para la solución definitiva de estas anormalidades crónicas, utilizando el método PDCA ("método de solución de problemas"), como demostrado en la Figura A.3 del Anexo A y en el Anexo E.

5.5   *Exceso de anormalidades*

A. ¿Toda empresa tiene un exceso de anormalidades? ¿Sin excepción?

B. En una sección (menor nivel gerencial) solo es posible tratar una o dos anormalidades por día.

C. Por lo tanto usted debe colocar un "filtro", es decir, algún criterio para tratar anormalidades.

D. Ejemplo de filtro: "Solo son consideradas anormalidades paradas de equipamientos superiores a 10 minutos".

E. Estos criterios cambian con el tiempo. Lo que interesa es tratar de 30 a 60 anormalidades/mes.

5.6   *Tópicos para reflexión por los "Grupos de Cumbuca"*

A. Discutan las funciones que un <u>Operador</u> podría desempeñar (considere varias situaciones, inclusive cuando el Operador está participando de un Grupo de CCQ o pensando, en casa, sobre una sugerencia dada).

B. ¿Cuántas personas en su empresa pueden ser consideradas <u>Operadores</u> (pasan la mayor parte de su tiempo desempeñando la función operación)? Hagan una estimativa.

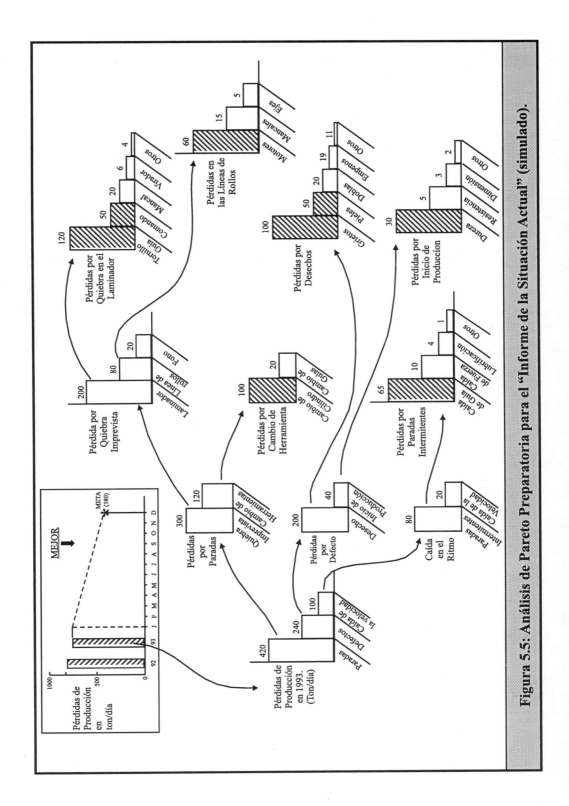

Figura 5.5: Análisis de Pareto Preparatoria para el "Informe de la Situación Actual" (simulado).

73

C. Discutan el significado de la palabra anormalidad. Citen ejemplos en las varias áreas de su empresa: compras, ventas, expedición, RH, etc.

D. Discutan el valor de los "5 Sentidos" en la percepción. Las anormalidades deben ser percibidas.

E. Discutan un poco los papeles del Supervisor. ¿Cuántas funciones él puede ejercer? ¿Cómo trabajan los Supervisores en su empresa? ¿Cuál es el nivel de escolaridad ideal para el Supervisor? ¿Cuál es el nivel actual de ustedes?

F. Usen algún tiempo para discutir como debe ser conducida una acción correctiva. ¿Cuál es el papel del Operador? ¿Y del Supervisor? ¿Y el suyo?

G. ¿Ustedes entendieron bien la Figura 5.3? ¿Qué es un mecanismo *fool-proof*?

H. Discutan los Informes de Anormalidad del Anexo B. ¿Para qué sirven estos informes?

I. ¿Ustedes han entrenado sus colaboradores inmediatos? ¡Entrenar es sentar junto y hacer junto!

J. Discutan el tema: Análisis de las Anormalidades. ¿Cómo es conducida? ¿Por quién? ¿Esto es hecho en su empresa?

K. ¿Cuál la función del Informe de Anormalidades? ¿En qué circunstancia el Gerente lo utiliza?

L. ¿Cómo son detectadas las Anormalidades Crónicas Prioritarias?

M. ¿Cómo deben ser atacadas y eliminadas estas anormalidades?

N. Discutan el Informe de la Situación Actual.

CAPÍTULO 6

Cómo Monitorear los Resultados de su Proceso

A. <u>Gestionar</u> es el hecho de buscar las causas (medios) de la imposibilidad de alcanzarse una meta (fin), establecer contramedidas, montar un Plan de Acción, actuar y estandarizar en caso de éxito.

B. El <u>método</u> para la práctica de la gestión es el PDCA (Vea Anexo A).

C. <u>Ítems de control</u> son características numéricas sobre las cuales es necesario ejercer el <u>control</u> (gestión).

D. Solamente aquello que es medido es gestionado. <u>Lo que no es medido está a la deriva</u>.

E. Como es mostrado en el Anexo A, la gestión es conducida para MANTENER los resultados actuales y para MEJORAR estos resultados.

F. Por tanto, existen ítems de control (resultados) que se desea mantener e ítems de control que se desea mejorar.

6.1 Cómo monitorear los resultados que se desea mantener

A. <u>Comience a monitorear aquellas características que le están causando problemas</u>. Por ejemplo: diámetro del cilindro, dureza del acero, tiempo para servir una cena en una habitación de un hotel, tiempo de cargamento de un camión, etc.

B. La mejor manera de monitorear un ítem de control o característica que se quiera mantener es la <u>carta de control</u>, mostrada en la Figura 6.1.

C. Sin embargo, este método de monitoreamiento podrá parecer muy sofisticado o hasta mismo presentarse inviable de ser utilizado desde el inicio. Usted podrá, entonces, comenzar por un <u>gráfico secuencial</u>, como muestra la Figura 6.2.

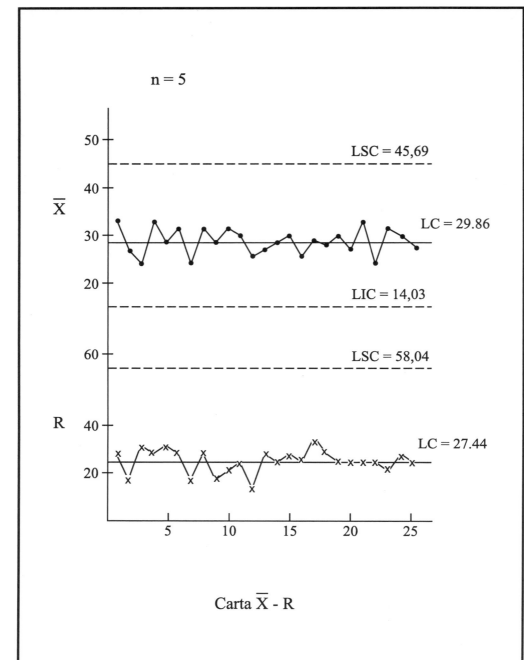

n = 5

$\overline{X}$

LSC = 45,69

LC = 29.86

LIC = 14,03

R

LSC = 58,04

LC = 27.44

Carta $\overline{X}$ - R

Figura 6:1 Carta de Control (LSC = Límite Superior de Control; LIC = Límite Inferior de Control).

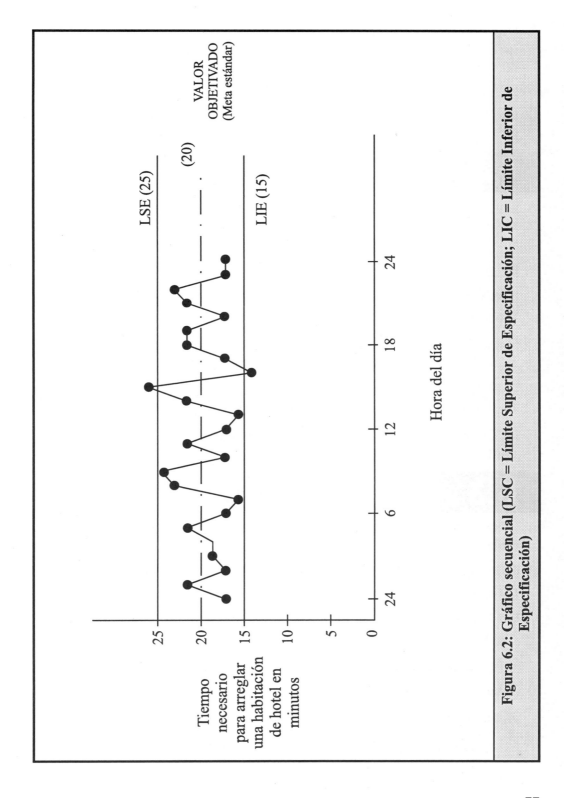

Figura 6.2: Gráfico secuencial (LSC = Límite Superior de Especificación; LIC = Límite Inferior de Especificación)

D. Una otra manera de se evaluar un resultado que se desea mantener es por medio de un histograma, como muestra la Figura 6.3. En este caso, puede ser interesante, en el futuro, medir el Cpk (procure, en la ocasión, un libro de referencia[8, 17] para aprender a calcular este índice).

E. El histograma muestra variaciones y donde existen variaciones existen también oportunidades de ganancias.

6.2 Cómo monitorear los resultados que se desea mejorar

A. Comience por aquello que le esté causando problemas. Comience a monitorear un ítem de cada vez, para que usted pueda desfrutar el placer de mejorar sus resultados.

B. Por ejemplo: existe mucha reclamación de errores en la facturación.

C. Establezca un ítem de control:

"porcentual de facturas defectuosas"

D. Haga un gráfico. Levante datos (por ejemplo, haga un muestrario mensual de facturas y verifique aquellas que presentan imperfecciones).

E. Establezca una meta (valor a ser alcanzado y plazo en el cual este valor debe ser conseguido).

F. La Figura 6.4 muestra un ejemplo de disposición gráfica de un ítem de control que se pretende mejorar.

6.3 Cómo armar sus gráficos

A. Los valores dos sus ítems de control deben ser dispuestos en Gráficos o tablas, conforme la necesidad.

B. Caso sean utilizados Gráficos, es bueno que estos sean estandarizados, para mejor entendimiento en informes y reuniones.

C. Un gráfico secuencial de ítems de control de mejoría debe contener (vea Figura 6.4):

1. La denominación del ítem de control: "consumo de energía";

2. La unidad: "kWh/t";

3. Una escala para el ítem de control y otra para el tiempo;

4. Los resultados medios de los años anteriores como referencia;

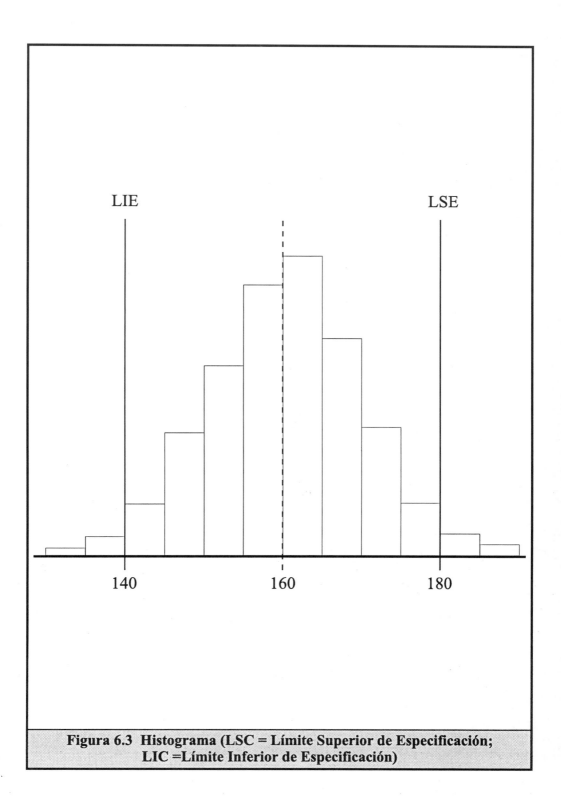

Figura 6.3 Histograma (LSC = Límite Superior de Especificación; LIC =Límite Inferior de Especificación)

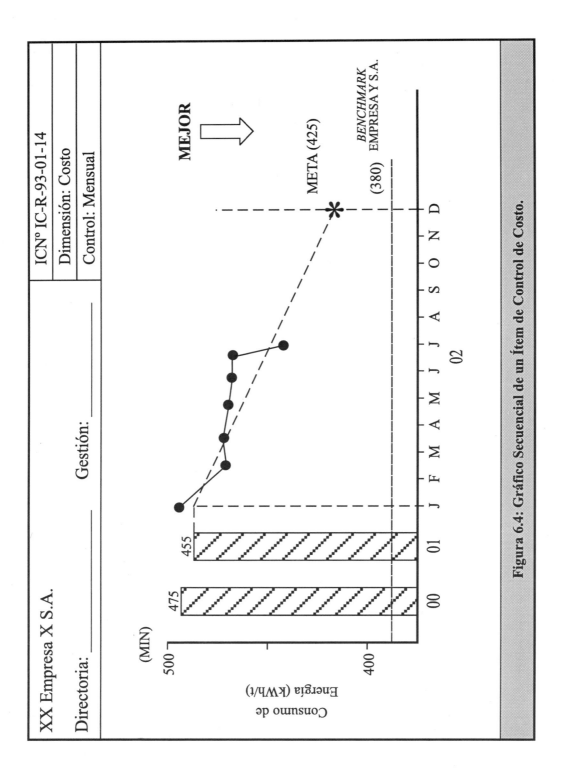

Figura 6.4: Gráfico Secuencial de un Ítem de Control de Costo.

5. La "<u>meta</u>" a ser alcanzada, mostrando claramente el valor y la fecha.

6. El valor del *benchmark*;

7. Una flecha indicando la <u>dirección "mejor"</u>.

D. Observe la Figura 6.4. La <u>línea punteada</u> que liga el valor promedio del año anterior al valor de la meta es llamada <u>línea meta</u>.

E. Esta <u>línea meta</u> debe ser una línea simple y punteada. En esta línea no deben ser colocados puntos, pelotas, cruces, etc. En la Figura 6.4, las pelotas negras significan <u>valores reales ya alcanzados</u>.

F. Cuando sea utilizada la <u>unidad</u> "porcentaje", nunca se olvide de explicitar el numerador y el denominador. Por ejemplo: "*turn-over* de personal" - número de personas que salen de la empresa por mes sobre el número total de empleados.

G. Posteriormente estos gráficos podrán ser colocados en el sistema de <u>informaciones gerenciales de la empresa</u>. Por esto cada ítem de control podrá ser numerado por la "Oficina de Estandarización".

H. Disponga sus principales ítems de control en local apropiado de tal forma que sean de fácil acceso a todo su equipo (Gerentes, Asesores, Supervisores y Operadores).

I. Esto es lo que se denomina "<u>Gestión a la Vista</u>".

J. En la " Gestión a la Vista" usted debe esforzarse para colocar sus datos e informaciones dispuestos de tal forma que no <u>sea necesario esfuerzo de interpretación del lector</u>.

K. En la verdadera " Gestión a la Vista ", <u>basta con mirar para entender</u>.

L. Nunca se olvide: en la comunicación de información de su área usted es el PROVEEDOR y el lector es el CLIENTE. Este es el principio de la "Gestión a la Vista".

6.4   *Cómo divulgar sus ítems de control y los de su turno*

A. Un gráfico grande (talvez del tamaño de un papel *flip chart*), conteniendo el ítem de control, debe ser colocado en la pared en el <u>local de trabajo</u>.

B. Las personas que hacen la facturación deben tener el gráfico muy grande en su área de trabajo para que ellas sientan la satisfacción de ver el "porcentaje de facturas defectuosas" cayendo (ejemplo: ítem 6.2).

C. Existen otras formas de visualizar problemas.

D. Un ítem de control pode ser visualizado por medio de una lámpara. Cuando una máquina tiene un problema, una lámpara roja se enciende. Esto corresponde a haber sido alcanzado determinado valor del ítem de control.

E. Cualquier que sea la forma de acompañamiento, los valores del ítem de control deben ser colocados de tal manera que basta con una MIRADA para entender.

6.5 Tópicos para reflexión por los "Grupos de Cumbuca"

A. ¿El "Grupo de Cumbuca" de ustedes está firme en los conceptos control, método, método PDCA e ítems de control? Discutan estos conceptos.

B. Sugiero que cada miembro del grupo escoja un ítem de control para mantener y otro para mejorar en su área. Hagan una representación gráfica de estos ítems de control y lleven para discusión en el "Grupo de Cumbuca".

CAPÍTULO 7

Cómo Gestionar para Mantener sus Resultados

A. En los capítulos anteriores, ya se describió lo que es necesario hacer para establecer una buena gestión que visa a mantener los resultados.

B En resumen, son factores básicos:

    1. Estandarizar todas las tareas prioritarias (capítulo 3);

    2. Establecer un tratamiento de las anormalidades (capítulo 4);

    3. Iniciar el monitoreamiento de los resultados del proceso (capítulo 5).

C. El método de gestión de procesos es el PDCA.

D. La Figura A.2 del Anexo A muestra como el PDCA es utilizado en la gestión para mantener los resultados.

E. El PDCA es llamado de "método de control de procesos" o método para el "control estadístico de procesos (CEP)".

7.1 Significado de control estadístico del proceso (CEP)

A. Un proceso es un conjunto de causas que provocan hechos. Proceso es su área de autoridad y los productos son su responsabilidad.

B. Por tanto su proceso es toda su área gerencial (el proceso del Presidente de la empresa es la empresa entera).

C. Hacen parte del proceso: las materias primas, los equipamientos de producción, los instrumentos de medición, las personas, los procedimientos y las condiciones ambientales locales.

D. Gestionar o controlar un proceso es el hecho de buscar las causas (medios) de la imposibilidad de alcanzarse una meta (fin), establecer contramedidas (plan de acción y estandarizar, en caso de éxito).

E. Un proceso puede ser controlado (o gestionado) con dos objetivos (vea Anexo A):

1. Para mantener los resultados dentro de una faja de valores denominada meta-estándar (vea Figura A.2);

2. Para mejorar los resultados de tal forma a alcanzar o superar un cierto valor denominado meta (vea Figura A.3).

F. El control para mejorar es conducido por las funciones gerenciales (vea Figura A.3 y Tabla 1.1). No se olvide: cuando el Operador está en el CCQ o dando sugerencias, en aquel instante él está ejerciendo una función gerencial.

G. El control para mantener es conducido principalmente por las funciones operacionales, aunque las funciones gerenciales actúen en el tratamiento de las anormalidades o acciones correctivas (vea Figura A.2 y Tabla 1.1).

H. La Figura 7.1 muestra el "control de proceso básico". Es la configuración mínima del control para mantener, como propuesto en esta parte del libro. En el Capítulo 10, entraremos en el "control de proceso avanzado", que mostrará una acción correctiva completa (como mostrada en la Figura A.2).

I. Debe ser observado que la Figura 7.1 es, en verdad, una combinación de la Figura A.2 con la Tabla 1.1. En la Figura 7.1, la A del PDCA para mantener es detallado por las diversas funciones.

J. La figura resume todo lo que ha sido dicho hasta ahora sobre estandarización, papel de cada uno en la gestión, ítems de control y práctica del PDCA. Ella es compatible con la Tabla 1.1 y con la Figura 5.3.

K. Las "Cartas de Control" deben ser adoptadas en el monitoreamiento de los resultados del proceso, principalmente cuando el proceso esté "bajo control", es decir, estable, de tal manera que sea posible calcular los límites de control. Antes de ello, use un gráfico secuencial.

L. Deje esto para la Tercera Fase de este libro: "Ajustando la Máquina".

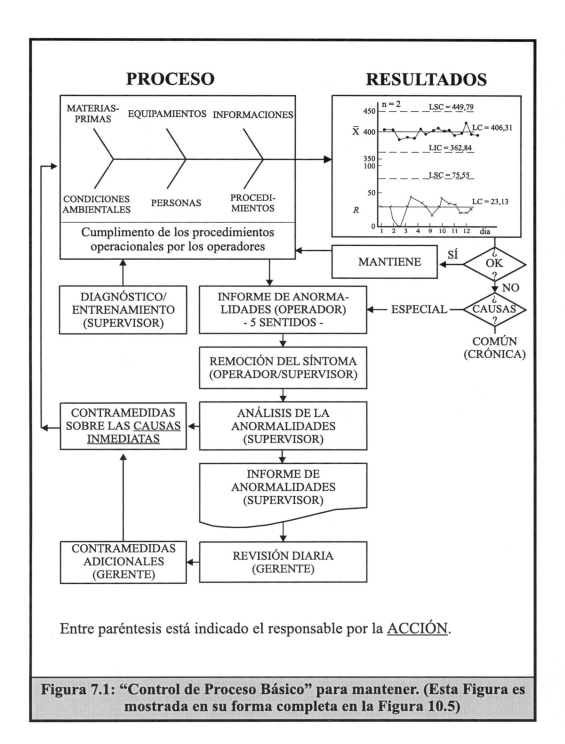

PROCESO

| MATERIAS-PRIMAS | EQUIPAMIENTOS | INFORMACIONES |

| CONDICIONES AMBIENTALES | PERSONAS | PROCEDIMIENTOS |

Cumplimento de los procedimientos operacionales por los operadores

RESULTADOS

$n = 2$ $LSC = 449,79$
$\overline{X}$ 400 $LC = 406,31$
$LIC = 362,84$
$LSC = 75,55$
R $LC = 23,13$
dia

MANTIENE — SÍ — ¿OK?

¿CAUSAS? — ESPECIAL — NO

COMÚN (CRÓNICA)

DIAGNÓSTICO/ ENTRENAMIENTO (SUPERVISOR)

INFORME DE ANORMA-LIDADES (OPERADOR) - 5 SENTIDOS -

REMOCIÓN DEL SÍNTOMA (OPERADOR/SUPERVISOR)

CONTRAMEDIDAS SOBRE LAS <u>CAUSAS INMEDIATAS</u>

ANÁLISIS DE LA ANORMALIDADES (SUPERVISOR)

INFORME DE ANORMALIDADES (SUPERVISOR)

CONTRAMEDIDAS ADICIONALES (GERENTE)

REVISIÓN DIARIA (GERENTE)

Entre paréntesis está indicado el responsable por la <u>ACCIÓN</u>.

Figura 7.1: "Control de Proceso Básico" para mantener. (Esta Figura es mostrada en su forma completa en la Figura 10.5)

7.2 Tópicos para reflexión por los "Grupos de Cumbuca"

A. En este punto sugiero al "Grupo de Cumbuca" rediscutir el Anexo A y la Tabla 1.1. Tópicos a ser observados:

1. Los dos tipos de control (para mantener y para mejorar A.2 y A.3);

2. El método de control PDCA y su relación con la estandarización (Figura A.4);

3. La correlación entre la Tabla 1.1 y la Figura A.4. Funciones operacionales mantienen y funciones gerenciales mejoran;

4. La diferencia entre meta estándar y meta de mejoría.

B. Sugiero al grupo rediscutir los factores básicos para que se pueda mantener un proceso estable. Relacionen estos factores básicos con la Figura A.2 del Anexo A y con la Figura 7.1.

C. Ahora, centrándose en el control para mantener, discutan profundamente la ACCIÓN CORRECTIVA, como mostrada en la Figura A.2 y detallada en la Figura 7.1.

D. Solicito a cada participante que analice hasta que punto cada uno conduce acciones correctivas en su área. ¿Qué es hecho, cuándo una compra retrasa? ¿Cuándo un camión retorna, porqué la encomienda estaba incompleta? ¿Cuándo la factura estaba errada? ¿Cuándo un informe retrasa? ¿Cuándo una previsión de ventas no se realiza? ¿Cuándo un presupuesto retrasa? Etc.

Tercera Fase:

"Ajustando la Máquina"

CAPÍTULO 8

Cómo Perfeccionar el Monitoreamiento de los Resultados de sus Procesos

A. El que no monitorea sus resultados no gerencia. Su proceso está a la deriva.

B. Para "ajustar la máquina", es necesario medirlo todo. "Catar" todos los desvíos. Todos los problemas. Veamos cómo se hace esto.

8.1 Objetivo de la gestión

A. Ha sido visto que los ítems de control miden los resultados de los procesos. ¿Cuáles son estos resultados?

B. En la GQT se gerencia un proceso para servir a TODAS LAS PERSONAS, es decir, para servir al MERCADO.

C. Por tanto, se debe ARMONIZAR los intereses de estas personas de tal forma que todos puedan ser satisfechos.

D. Estas personas son:
CLIENTES
ACCIONISTAS
EMPLEADOS
VECINOS

E. El cliente es el Rey. Pero no es Dios. No se puede satisfacer al cliente a las costas del sacrificio de las otras personas.

F. CALIDAD TOTAL es el objetivo de la gestión del proceso. CALIDAD TOTAL significa CALIDAD PARA TODAS LAS PERSONAS, satisfacción para todas las personas (clientes, accionistas, empleados y vecinos).

8.2 ¿Dónde está su autoridad? ¿Dónde está su responsabilidad?

A. Su <u>autoridad es ejercida sobre su proceso</u>; sobre los medios colocados bajo su orientación para que los resultados sean producidos (vea Figura 8.1).

B. Su proceso ha sido establecido porque había, por parte de las personas, necesidad de <u>resultados</u>.

C. Usted es <u>responsable por los resultados</u> del proceso junto a las personas (clientes, accionistas, empleados y vecinos).

D. Usted solo puede asumir responsabilidad por algún resultado cuando tenga autoridad sobre los medios (proceso) necesarios para alcanzar aquel resultado.

E. <u>No existe responsabilidad sin autoridad</u>.

F. ¿Cuáles son sus <u>resultados</u>? Son las <u>características de los productos</u> (bienes o servicios) que afectan la satisfacción de las personas y la <u>motivación y seguridad</u> con que trabaja <u>su equipo</u>.

8.3 Secuencia para mejoría de la gestión

A. <u>Todo Gerente, en cualquier nivel jerárquico, podrá mejorar su gestión, siguiendo las instrucciones de la Tabla 8.1</u>.

B. Vaya siguiendo la secuencia de la Tabla 8.1 poco a poco. En caso de duda, pida ayuda.

C. En los otros ítems de este capítulo son explicados los varios pasos de la Tabla 8.1.

8.4 Cómo establecer la "descripción de su negocio"

A. Cualquier que sea su posicionamiento jerárquico, <u>usted tiene un negocio</u> dentro de la empresa en la cual usted trabaja.

B. <u>Usted es el Presidente de este negocio,</u> con autoridad sobre todos los medios colocados a su disposición y asumiendo responsabilidad por los resultados de su negocio.

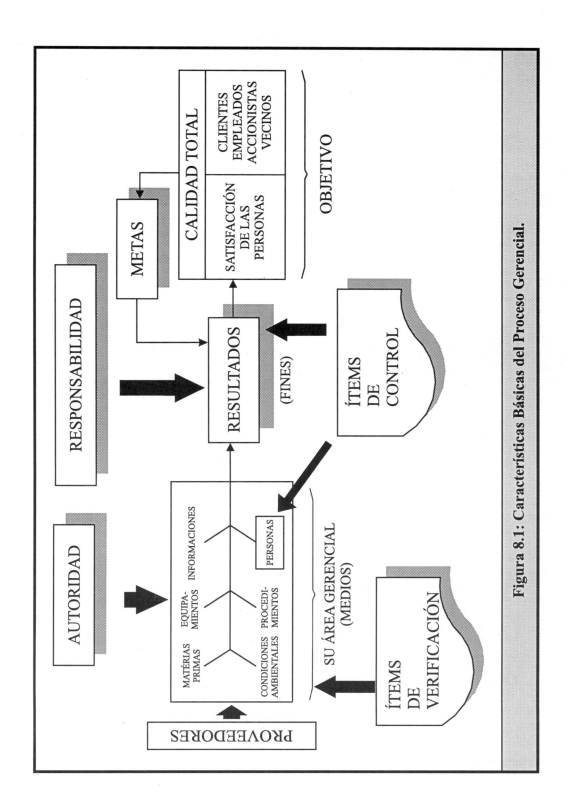

Figura 8.1: Características Básicas del Proceso Gerencial.

	Tabla 8.1: Cómo mejorar su Gestión de la Rutina del Trabajo del Cotidiano.

(1) Haga la descripción de su "negocio" (Vea Tabla 8.2).

(2) Defina sus productos prioritarios (lo qué toma más tiempo, lo qué da más trabajo, etc.).

(3) Haga el flujograma de cada proceso, comenzando siempre por el producto prioritario (o crítico) (vea Anexo C y el ítem 4.1).

(4) Promueva la estandarización de las tareas prioritarias (vea ítems 4.2 y 4.3).

(5) Defina los ítems de control (vea ítem 8.6).
- para cada producto de su negocio (calidad, costo, entrega y seguridad).
- para las personas que trabajan en su negocio (moral y seguridad).

(6) Defina las metas para cada ítem de control, consultando sus clientes de cada producto y las necesidades de la empresa (vea ítem 8.9).

(7) Va estableciendo sus valores de *benchmark* (vea ítem 8.9).

(8) Haga gráficos para sus ítems de control (vea figuras 6.1, 6.2, 6.3 y 6.4). Estandarice sus gráficos.

(9) Estandarice cada proceso (vea figuras 10.1 y 10.2).

(10) Gestione. Alcance las metas (vea Anexo A).
- para las metas estándar ruede el SDCA (vea figura 10.5).
- para las metas de mejoría ruede el PDCA (vea Anexo B).

C. Asumir responsabilidad es cumplir las metas establecidas por las personas (clientes, accionistas, empleados y vecinos).

D. Su negocio será siempre un conjunto de procesos ("conjunto de medios destinado a producir determinado fin").

E. Por tanto usted puede representar su negocio como un diagrama de causa y efecto, donde el negocio es el conjunto de causas y sus productos son los efectos, como muestra la Figura 8.1.

F. Genéricamente, su función como gerente es "ejercer" su autoridad sobre los medios de tal manera que usted pueda asumir la responsabilidad por los resultados (mantener y mejorar los resultados).

G. De esa forma, su "descripción del negocio" (vea Tabla 8.2 y Figura 8.2) debe contener:

1. Lista de los medios colocados bajo su autoridad (personas, equipamientos, etc.);

2. Sus principales proveedores, bien como la especificación de los productos que usted recibe de cada uno;

3. Lista de sus productos (bienes o servicios), ventables o no. Entre estos productos pueden estar incluidos: informaciones, chatarra, humos, desechos, etc.;

4. Los principales clientes (internos y externos) de cada producto, bien como las especificaciones de sus productos, establecidas por los clientes.

H. Procure definir la misión de su negocio. Acuérdese que la misión final de cualquier organización (o mismo del trabajo humano individual) es satisfacer necesidades humanas de supervivencia.

I. Su negocio hace alguna cosa para alguien. Esta es su misión.

J. En cierta empresa, el jefe del mantenimiento colocó como misión de su negocio "... arreglar los equipamientos de la empresa...", en lo que fue muy criticado.

K. Después él cambió para "... garantizar un funcionamiento perfecto y continuo ...", en lo que fue muy elogiado.

L. Defina ahora su visión para el futuro de su negocio, o su sueño (mismo que su empresa no tenga visión definida). Discuta la visión con su equipo. Procure alcanzar un consenso.

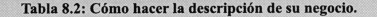

Tabla 8.2: Cómo hacer la descripción de su negocio.

(1) Haga una <u>reunión</u> con sus colaboradores inmediatos. Providencie papel *flip-chart* y plumones.

(2) En el papel *flip-chart* diseñe un cuadrado en la parte central y allí adentro escriba el nombre de su sector (por ejemplo: financiero, expedición, refino, etc.) (Vea Figura 8.2).

(3) Escriba en la parte de abajo cuantas <u>personas</u> trabajan en su negocio (liste solo aquellas que están bajo su autoridad). Liste también los <u>equipamientos</u> importantes utilizados en su negocio.

(4) En el área a la derecha del cuadrado inicial, abra un diagrama de árbol e inicie el <u>listado de los productos</u> de su negocio (Vea ítem 8.5).

(5) Para cada producto <u>liste los clientes</u>.

(6) Ahora, del lado izquierdo del cuadrado inicial, abra otro diagrama de árbol y liste los <u>productos que usted recibe</u> de sus proveedores.

(7) Defina los <u>proveedores</u> de cada producto.

(8) Listo. Usted concluye la <u>definición de su negocio</u>.

<u>OBS</u>: Cuelgue el papel *flip-chart* con la descripción de su negocio en la pared y deje sus colaboradores reflexionaren. Puede que ellos quieran adicionar nuevas informaciones. Cuando estabilizar, pase a limpio y coloque en un cuadro para que se quede bien claro cuál es el negocio de ustedes.

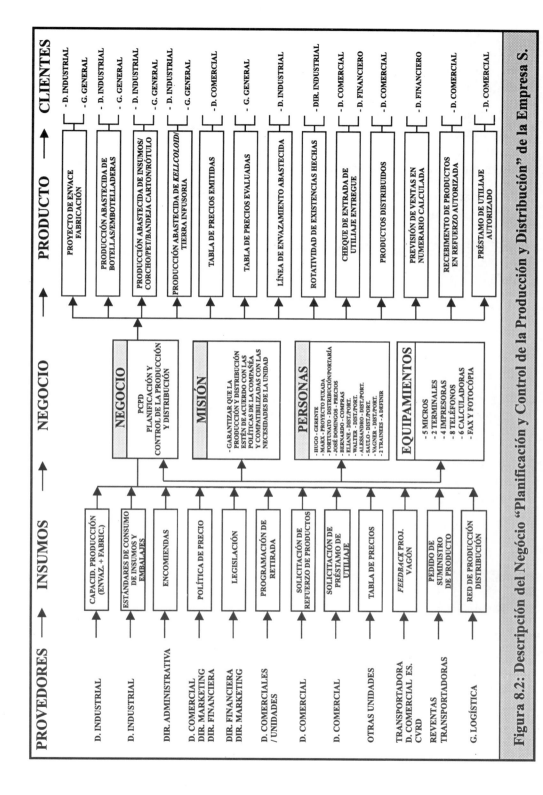

Figura 8.2: Descripción del Negócio "Planificación y Control de la Producción y Distribución" de la Empresa S.

M. Por ejemplo, un gerente de mantenimiento y su equipo así definieron su visión: "Queremos ser reconocidos en la empresa y en toda la comunidad de especialistas en manutenimiento como una unidad excepcional y un ejemplo en nuestro País".

N. Esta visión deberá ser compatible con la visión de la empresa (si existiera) y si constituir en un motivo inspirador para el trabajo de su equipo. A nosotros, seres humanos, nos gusta percibir que nuestro trabajo construye algo noble y bueno para nuestros semejantes.

O. El Anexo G muestra un ejemplo de desarrollo de la Gestión de la Rutina en un área industrial.

8.5 Cómo identificar sus productos y sus clientes internos y externos

A. Para que usted sienta más facilidad en determinar sus productos, imagínese **PRESIDENTE** de su "empresa" - Su Gerencia (vea Figura 8.3).

B. Imagine su "empresa" ubicada "del otro lado de la calle" y pregunte: ¿Qué productos vendemos para la "otra" empresa?

C. Por ejemplo: si usted es jefe de Recursos Humanos, un producto suyo podrá ser "un reclutamiento realizado"; si usted es jefe de Compras, un producto suyo podrá ser "una compra realizada".

D. Identifique ahora sus clientes internos y externos de cada producto y procure saber cuáles son sus necesidades en calidad, costo (precio) y entrega (plazo, cantidad, local, etc.).

E. ¿Hay cliente? Si no exista, elimine el producto y todo su proceso.

8.6 Cómo establecer sus ítems de control

A. Para cada producto identificado debemos medir su calidad intrínseca, su costo, sus condiciones de entrega y la seguridad del usuario de este producto. Comience por los productos prioritarios (Vea Tabla 8.3), definiendo los ítems de control referentes a las necesidades de sus clientes.

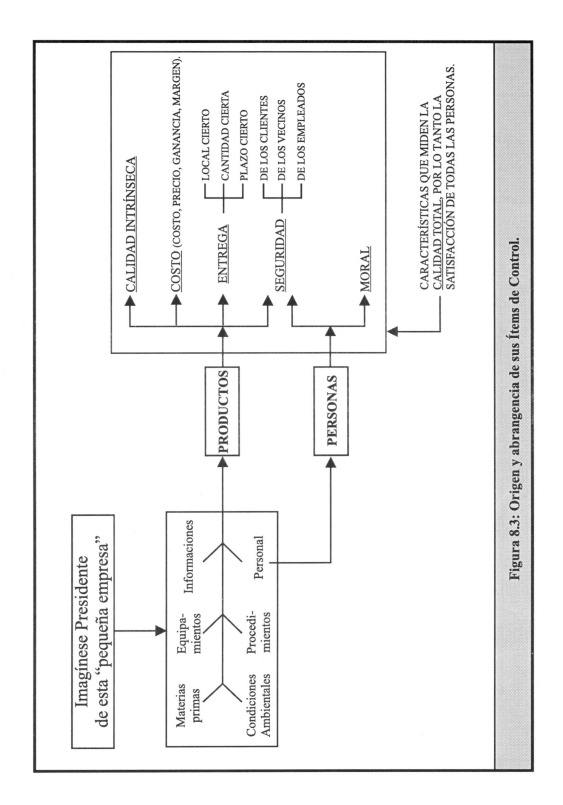

Figura 8.3: Origen y abrangencia de sus Ítems de Control.

Tabla 8.3. Método para la determinación de los Ítems de Control de Gestión de la Rutina de todos los niveles jerárquicos.

(Vea Figura 8.4)

1 Reúna su *staff* y sus colaboradores inmediatos.

2 Pregunte "¿Cuáles son nuestros productos?" ("qué hacemos aquí"). Todo aquello que es hecho para mantener las necesidades de alguien (o como oriundo de eso) es un producto (bienes o servicios).

3 ¿Quiénes son los clientes (internos o externos) de cada producto? ¿Cuáles son las necesidades de nuestros clientes? Vaya y pregunte personalmente.

4 **Ítems de control de calidad**: ¿Cómo podremos medir la calidad (atención a las necesidades de nuestros clientes) de cada uno de nuestros productos? ¿Nuestros clientes están satisfechos? ¿Cuál el número de reclamaciones? ¿Cuál el índice de desecho?

5 **Ítems de control de costo**: ¿cuál la planilla de costo de cada Producto? (Haga usted mismo, aunque en números aproximados. No espere por el departamento de costos ni tenga miedo de errar). ¿Cuál el costo unitario del producto?

6 **Ítems de control de entrega**: ¿Cuál el porcentual de entrega fuera del plazo para cada producto? ¿Cuál el porcentaje de entrega en local errado? ¿Cuál el porcentual de entrega en cantidad errada? Etc.

7 **Ítems de control de moral**: ¿Cuál el *turn-over* de nuestro equipo? ¿Cuál el índice de absentismo? ¿Cuál el número de causas laborales? ¿Cuál el número de atenciones en el puesto médico? ¿Cuál el número de sugerencias? Etc.

8 **Ítems de control de seguridad**: ¿Cuál el número de accidentes en nuestro equipo? ¿Cuál el índice de gravedad? ¿Cuál el número de accidentes con nuestros clientes por el uso de nuestro producto? Etc.

B. Por ejemplo: ¿cuál sería la calidad intrínseca del producto "un nuevo empleado reclutado"? En cierta empresa, decidieron considerar un nuevo empleado que deja la empresa antes de seis meses como siendo un "reclutamiento no-conforme". Si usted cuenta cuantos "reclutamientos no-conformes" existen para cada 100 reclutamientos realizados, usted pasó a tener el "índice de reclutamiento no-conforme", que es un ítem de control.

C. Otros ejemplos de ítem de control de calidad intrínseca de productos serían: "índice de facturas defectuosas", "índice de pedidos de compra defectuosos" (donde existe papel, existe error...), "número de reclamaciones de clientes", "índice de dispersión de los resultados", "dimensiones", "propiedades físicas y químicas", etc. ¿Cuáles las características de sus productos exigidas por sus clientes?

D. Debemos evaluar el costo agregado en cada gerencia y en cada producto. Esto debe ser hecho por el Gerente mismo. El "rateo de gastos administrativos" no interesa. Solo interesa el costo agregado en la propia gerencia y sobre el cual usted puede ejercer control.

Y. Como los precios de compra de las materias-primas y los salarios pueden variar mucho, conviene al Gerente tener ítems técnicos de control de costos, además del costo de su producto en valor monetario.

F. Por ejemplo: "consumo de energía en kWh/t", "número de fotocopias por persona", "hombres-hora por unidad de producto", etc.

G. Estos "ítems técnicos" deben ser los tres o cuatro más importantes escogidos en una planilla de costos. Compare con valores de *BENCHMARK*.

H. Los ítems de control de "entrega" se refieren a "plazo cierto, local cierto, cantidad cierta, mixtura cierta". ¿Cuál el plazo deseado por su cliente?

I. Por ejemplo: "índice de cumplimento de la programación", "índice de entregas realizadas fuera del plazo", "índice de entrega con cantidades erradas", "número de clases iniciadas o terminadas fuera del horario", etc.

J. Los ítems de control referentes a la seguridad de los clientes en el uso de sus productos (responsabilidad civil por el producto o *product liability*) deben tener ocurrencias de no-conformidades anticipadas de tal forma que los accidentes no ocurran (utilice el FMEA-FTA).

K. En lo tocante a su equipo sabemos que usted es responsable por su motivación y seguridad. Por tanto es necesario medir y comparar con una meta.

L. La <u>motivación</u> de su equipo es medida por la <u>moral</u>. Los ítems de control pueden ser "<u>defensivos</u>": "índice de *turn-over* de personal", "índice de absentismo", "índice de procura a puesto médico", "índice de causas laborales", etc.; u "<u>ofensivos</u>": "número de sugerencias", "porcentual del efectivo total que participa de grupos CCQ", "índice de atenciones al cronograma de reuniones de CCQ", etc.

M. Los ítems de control de <u>seguridad</u> son más conocidos: "número de accidentes", "índice de gravedad", "índice de frecuencia", etc.

N. La Figura 8.4 muestra la secuencia para la definición de los ítems de control para el caso de una Directoria de Logística.

8.7 Cómo establecer sus ítems de control prioritarios

A. Ítems de control son características que precisan ser monitoreadas para garantizar la satisfacción de las personas.

B. Así, haga una evaluación (levantamiento de datos) para saber la situación actual de cada ítem de control.

C. Esta evaluación debe ser simple. Por ejemplo: de cada 500 facturas emitidas ¿cuántas están ciertas y cuántas contienen errores?

D. Ahora, evalúe si la situación actual es buena o mala para cada ítem de control. ¿Su cliente está satisfecho?

Y. Defina como ítem de control prioritario todo ítem de control cuyo valor esté menor que el deseado.

F. Toda meta recibida en el desdoblamiento de las directrices genera inmediatamente un ítem de control prioritario. Por eso, un problema.

G. Por tanto, existen dos tipos de ítems de control: aquellos de su propia Gestión de la Rutina y aquellos definidos por el Desdoblamiento de las Directrices (provenientes de la Alta Administración).

H. Puede también ocurrir coincidencia de uno con el otro.

I. Los ítems de control definidos por el Desdoblamiento de las Directrices son prioritarios en relación a los de la Gestión de la Rutina.

J. Disponga los ítems de control prioritarios en una tabla, como mostrado en la Tabla 8.4.

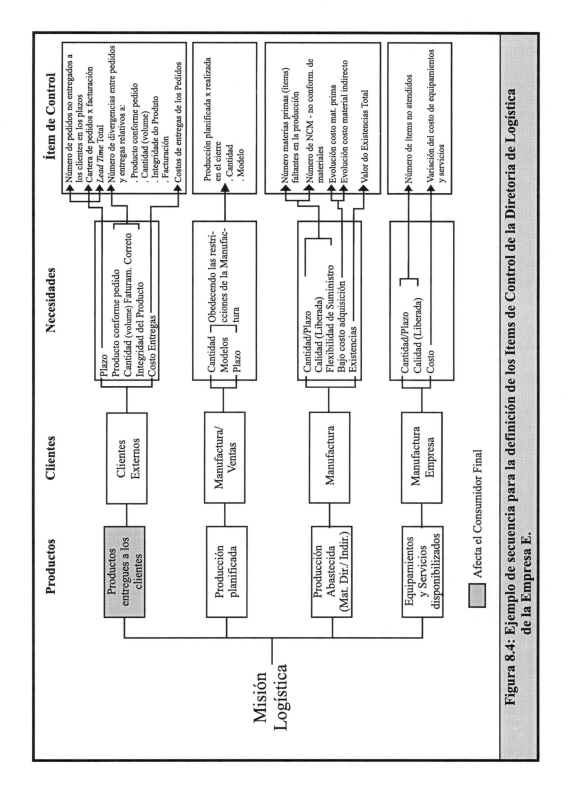

Figura 8.4: Ejemplo de secuencia para la definición de los Items de Control de la Diretoria de Logística de la Empresa E.

Tabla 8.4: Ejemplo de "Tabla de Ítems de Control" prioritarios.

PRODUCTO O FUNCIÓN	ÍTEM DE CONTROL	UNIDAD DE MEDIDA	PRIORIDAD (A, B, C)	FRECUENCIA	MÉTODO DE CONTROL	
					CUÁNDO ACTUAR	CÓMO ACTUAR
VENTAS	*MARKET SHARE* DEL PRODUCTO "X" ETC.	PORCENTUAL DE LAS VENTAS SOBRE TOTAL DE VENTAS, DE PRODUCTO SIMILAR	A	1 VEZ/MES	SIEMPRE QUE SEA INFERIOR AL 50%	CONVOCAR REUNIÓN DE LOS GERENTES, VENDEDORES DE ÁREA Y ASISTENCIA TÉCNICA. DETERMINAR CAUSAS Y TOMAR ACCIONES

8.8 Cómo establecer sus ítems de verificación

A. Los ítems de control son muy importantes porque son establecidos sobre los resultados, es decir, sobre sus <u>responsabilidades</u>.

B. Sin embargo, también es importante para el Gerente conocer su proceso, donde reside su <u>autoridad</u>.

C. El <u>conocimiento del proceso</u> (medios) es hecho a través de los ítems de verificación.

D. Los <u>ítems de verificación</u> miden el desempeño de los componentes del proceso.

    1. Equipamientos

    2. Materias Primas

    3. Condiciones ambientales

    4. Aferición de los equipamientos de medida

    5. Cumplimento de los procedimientos operacionales estándar, etc.

Y. Ejemplos:

    <u>Equipamientos</u>: "tiempo de parada por mes"; "número de paradas", "tempo medio entre fallas", etc.

    <u>Materias Primas</u>: "características de la calidad de las materias-primas", "niveles de existencias", etc.

    <u>Condiciones Ambientales</u>: "temperatura", "nivel de polvo", "humedad", etc.

F. Los ítems de verificación del Gerente son los principales factores que afectan sus ítems de control prioritarios. Por tanto, la definición de los ítems de verificación viene de un análisis y es un proceso de desdoblamiento.

G. Cada ítem de control prioritario (efecto) debe tener uno o más ítems de verificación (causas) relacionados con ele.

H. Sus ítems de verificación serán los ítems de control de sus colaboradores o de sus proveedores.

I. Deben ser establecidos ítems de verificación sobre las características de los productos que usted recibe de sus proveedores.

8.9 Cómo recoger los valores de "benchmark" y establecer sus propias metas

A. Es importante para todos los Gerentes saber si alguien ya tiene valores mejores que los suyos (*benchmarking*).

B. Si usted encuentra valores mejores que los suyos, procure saber como el competente consiguió esto. Haga una evaluación y vea si vale la pena copiarlo.

C. Si valga, COPIE. Después usted intenta superarlo.

D. Su empresa solo será competitiva si todas sus gerencias fueran competitivas. Es por esto que el Gerente debe procurar los valores de *benchmark* para sus ítems de control.

Y. Existen tres tipos de *benchmarking*:

1. **interno** ➔ cuando usted compara actividades semejantes dentro de una misma organización;

2. **competitivo** ➔ cuando usted compara con actividades semejantes a la de los competentes;

3. **funcional** ➔ cuando usted compara actividades semejantes conducidas dentro de empresas de ramas diferentes.

F. Cuando el Gerente nunca ha buscado un valor de *benchmark*, él generalmente duda que va a conseguir estos dados.

G. Sin embargo, con el decorrer del tiempo, él descubre que varias fuentes pueden generar estos datos:

1. Literatura técnica,

2. Visitas a los competentes,

3. Fabricantes de equipamientos,

4. Organizaciones mundiales de empresas de un mismo sector (organización mundial de fabricantes de cemento, tejidos, acero, etc.),

5. Congresos,

6. Proveedores,

7. Distribuidores,

8. Consultores, etc.

H. Como ya ha sido dicho, no existe gestión sin <u>META</u>.

I. El mercado (las personas) exige niveles de calidad cada vez mayores, costos cada vez más bajos y condiciones de entrega cada vez mejores. <u>Las metas se originan en el mercado</u> y deben provocar la Mejoría Continua dentro de la empresa.

J. La <u>Mejoría Continua</u> (Vea Figura A.5 del Anexo A) en el nivel de su gestión es una necesidad de supervivencia y una característica de la Gestión de la Rutina del Trabajo del Cotidiano.

K. Las metas de mejoría pueden venir:

1. De la alta dirección por medio del Desdoblamiento de las Directrices Anuales del Presidente;

2. Del propio Gerente.

L. Las metas oriundas de la alta dirección son <u>mandatarias</u> y prioritarias.

M. Sin embargo el Gerente puede tener sus propias metas.

N. Existe una <u>regla práctica</u> para que se establezca metas de mejoría en la gestión (vea Figura 8.5):

"Reducir por la mitad, en un año, la diferencia entre el valor promedio del año anterior y el valor teóricamente posible de ser alcanzado".

O. Por ejemplo: si el número medio mensual de reclamaciones en el año anterior haya sido 16, la meta debe ser reducirlo para 8 hasta diciembre de este año.

P. Acuérdese: ¡cuándo la <u>meta es audaz</u>, ella impone soluciones <u>creativas y audaces</u>! ¡Cuándo la meta es tímida, las soluciones son tímidas!

Q. <u>Metas audaces imponen cambios revolucionarios</u>.

R. Ni siempre el resultado final es un éxito. Sin embargo, si hay <u>trabajo arduo</u> en la dirección de la meta, se acaba consiguiendo el buen resultado.

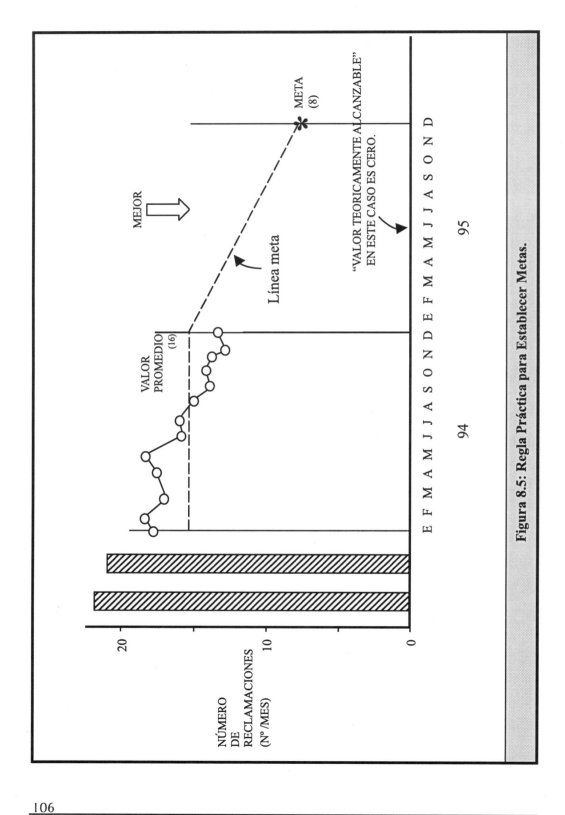

Figura 8.5: Regla Práctica para Establecer Metas.

8.10 *Cómo definir sus problemas*

A. ¿Qué es un "problema" (Vea Figura 8.6)?

- Es la diferencia entre su resultado actual y un valor deseado, llamado META.

B. La esencia del trabajo de un Gerente es mejorar sus resultados de tal forma que la suma su trabajo asegure ganancia de productividad y, por tanto, de competitividad (Vea Tabla 1.1 y Figura A.3 del Anexo A).

C. Luego, la esencia del trabajo de un gerente es ALCANZAR METAS.

D. Por tanto, la esencia del trabajo de un Gerente es RESOLVER PROBLEMAS.

Y. Resolver problemas es alcanzar metas.

F. Cuanto más problemas usted tiene, mejor Gerente usted es.

G. Quién no tiene problemas, no está gestionando.

H. Todo Gerente tiene que convertirse en un EXIMIO SOLUCIONADOR DE PROBLEMAS. Esto es indelegable, pues ¡es la esencia del su trabajo!

I. Existen problemas buenos y problemas malos.

   1. Problemas malos son aquellos provenientes de las ANORMALIDADES o desvíos del estándar y deben ser eliminados lo cuanto antes. Son aquellos inesperados (Vea Figura A.2 del Anexo A y Figuras 7.1 y 10.5).

   2. Problemas buenos son los que surgen a partir de nuevas metas de mejoría. Estos siempre existirán (Vea Figura A.3 del Anexo A y Anexo E).

J. El gerente debe iniciar su trabajo de mejoría (alcance de metas o solución de problemas) por el "peor problema" o "meta prioritaria" o "producto más problemático".

K. A partir de este punto, y solamente entonces, se actúa en el proceso, mejorándolo (*KAIZEN*), o proponiendo un proceso enteramente nuevo, con nueva tecnología (*KAIKAKU*).

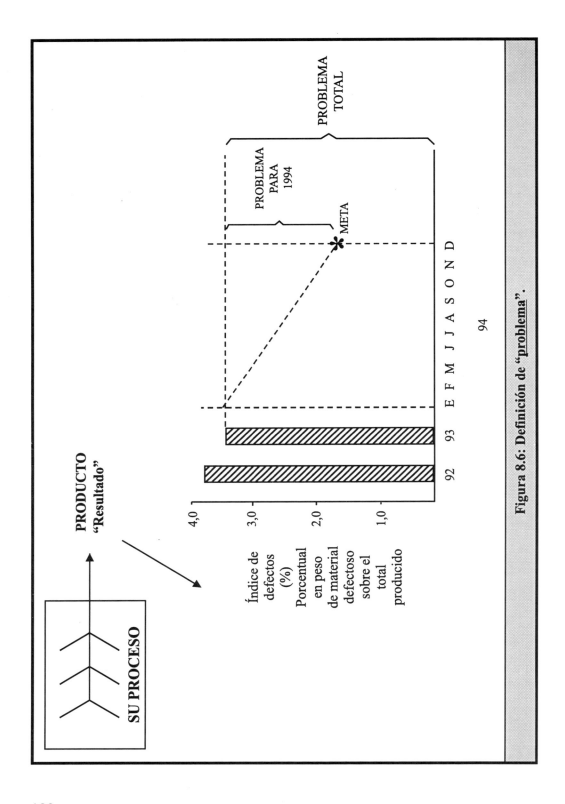

Figura 8.6: Definición de "problema".

8.11 Tópicos para reflexión por los "Grupos de Cumbuca"

A. El grupo debe discutir el significado de "Calidad Total" como <u>objetivo de gestión</u> de cualquier trabajo, de cualquier proceso.

B. ¿Cuál el significado de satisfacer el cliente? ¿Y satisfacer el accionista? ¿Y satisfacer los empleados? ¿Y satisfacer los vecinos? ¿Cuál el papel del mercado financiero? ¿De los sindicatos? ¿De las organizaciones reguladoras ambientales?

C. Sería interesante que cada miembro del grupo <u>definiese sus responsabilidades</u> en la empresa. ¿Los otros miembros concuerdan?

D. ¿Cuál la importancia del <u>conocimiento del negocio</u> de cada uno dentro de la empresa? ¿Los miembros del grupo podrían decir que conocen su negocio? Hagan un ejercicio: escojan uno de los miembros como cobaya y hagan la descripción de su negocio siguiendo la Tabla 8.2.

Y. Hagan nuevo ejercicio: procuren definir la misión de su empresa (después comparen con las definiciones de los otros "Grupos de Cumbuca"). Dejen la propuesta del grupo escrita en un *flip-chart* pegado a la pared de la sala de reunión, para que los otros grupos la vean.

F. Hagan otro ejercicio: propongan una visión para su empresa (después comparen con la proposición de los otros "Grupos de Cumbuca"). Dejen su propuesta de Visión también en la pared de la sala de reuniones.

G. ¿El "Grupo de Cumbuca" está consciente de que una empresa puede tener centenas, millares de productos internos y externos, ventables y no ventables, bienes y servicios, cada uno con sus clientes?

H. Gestionar es asumir responsabilidad junto a las personas por las características de estos productos. Discutan el <u>nivel de la gestión</u> en su empresa. Acuérdese: ¡solo se gestiona lo que es medido!

I. Cada miembro define uno de sus productos y el grupo lo ayuda a definir algunos ítems de control de este producto.

J. Ahora definan ítems de control sobre el equipo (personal) de cada uno.

K. Discutan el significado de ítem de control y su relación con la meta. Discutan la necesidad de la representación gráfica del ítem de control, de la estandarización de esta representación y de la "Gestión a la Vista".

L. Discutan el origen de las metas, como establecerlas. Correlacionen meta y problema. ¿El grupo concuerda que "gestionar es alcanzar metas, es resolver problemas"? ¿Ustedes dominan bien el "Método de Análisis y Solución de Problemas" (PDCA)?

M. Verifiquen el Anexo A. Discutan el PDCA como método gerencial. Discutan el concepto de "problema malo" (anormalidad) y "problema bueno" (provocado por el establecimiento de nuevas metas). ¿Cómo tratar cada uno?

N. ¿Cómo establecer los ítems de verificación?

CAPÍTULO 9

Prática del Método de Gestión (PDCA) de Mejorías

A. En el Capítulo 3, Tabla 3.1, fue mostrado como montar el primer Plan de Acción. Fue visto también que un plan de acción montado de aquella manera podrá no ser suficiente para alcanzar metas más difíciles.

B. Por tanto, precisamos profundizar nuestra capacidad de planificar. Para esto precisamos dominar el método PDCA de Mejorías (Figuras 3.1 y A.3 del Anexo A y Anexo E).

C. Mejorar es alcanzar metas.

D. Alcanzar metas es resolver problemas.

Y. Precisamos comenzar resolviendo los problemas más fáciles, para aprender el método PDCA.

9.1   Cómo hacer un "shake down"

A. Como usted no tiene todos sus ítems de control definidos, su situación actual conocida y las metas establecidas, usted no conoce sus problemas.

B. En esta fase inicial, se recomienda hacer un "*shake-down* de problemas", que es un levantamiento sumario de los problemas de su gerencia por usted, su *staff* y sus colaboradores inmediatos. Siga el método propuesto en la Tabla 9.1.

C. Durante la reunión, puede ser útil separar lo que es problema de lo que no es problema. En este caso, sugiero algunas "pistas".

D. Si alguien dice: "estamos con problema de falta de líneas telefónicas", usted pode preguntar:

- ¿Es objetivo de nuestra gerencia tener muchas líneas telefónicas?

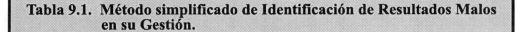

Tabla 9.1. Método simplificado de Identificación de Resultados Malos en su Gestión.

(1) Reúnase con su *staff* y colaboradores inmediatos y haga una pequeña charla sobre el tema "qué es un problema".

(2) Distribuya papel a los participantes y solicite que ellos enuncien los primeros problemas de la gestión.

(3) Recoja las opiniones y haga una búsqueda de los problemas, uno por uno, en la presencia de todos, seleccionando aquellos que son "resultados indeseados" (las otras sugerencias no seleccionadas deben ser guardadas para acción futura).

(4) Caso el equipo crea conveniente, distribuya un papel en blanco y deje que las personas enuncien problemas adicionales.

(5) Clasifique los problemas ("resultados indeseados") en controlados (aquellos en los cuales es posible "ejercer control" dentro de la propia gestión) y no controlados.

(6) Entre los controlados, seleccione los problemas más simples de ser resueltos en corto plazo (más o menos 3 meses) y utilice el PDCA para resolverlos. Esto equivale al entrenamiento en el trabajo en el método PDCA.

(7) Los problemas que dependen de otras gestiones deben ser tratados en una relación interfuncional.

(8) Caso sean levantados problemas vitales para la empresa y cuya solución dependa de la organización, la directoria debe componer un comité y equipo de trabajo interfuncional para ecuacionarlos.

Y. Lógico que no. <u>Falta de líneas telefónicas no es problema</u>. Podrá, eventualmente, ser la causa de un problema. ¿Cuál problema? ¿"Demora en la atención a las llamadas del cliente"?

F. La experiencia nos ha indicado que la expresión "falta de" indica una "eventual causa" y no un problema.

G. Acuérdese: <u>¡problema es resultado indeseable!</u>

9.2 Cómo asimilar el método PDCA

A. Ya vimos que gestionar es resolver problemas. El método de gestión es el PDCA, tal como mostrado en la Tabla 9.2 (vea Figura A.3 del Anexo A y Anexo E).

B. Para <u>entrenarse</u> (<u>entrenar</u> significa "mano en la pasta", significa "tomar y hacer", <u>sentir las dificultades de la práctica</u>) en el método PDCA, sugerimos el procedimiento que se sigue.

C. Escoja, entre los problemas levantados en su *shake-down*, aquél más <u>simple</u> y <u>fácil</u> de resolver. Resuélvalo dentro de, un máximo, 90 días, <u>siguiendo el método lo más próximo posible</u> (vea Anexo E).

D. Siempre surge alguien que dice: "<u>¡Yo no preciso del método</u>. Sé resolver este problema rápidamente! ¡Ya sé cuál es la causa!" Sugiero la siguiente pregunta: "¿por qué no lo ha resuelto antes?".

Y. El objetivo en esta etapa es <u>aprender el método</u> y no resolver el problema. Precisamos colocar el método dentro de nuestra cabeza. Haga, pues, un esfuerzo para <u>seguirlo</u>.

F. Al fin de los noventa días, <u>organice un evento</u> interno en su gerencia y presente los problemas resueltos en el punto en que estén. Este evento sirve como educación y entrenamiento para difusión del método.

G. Después que usted resuelva el primer problema simple, escoja el segundo problema <u>simple</u> y <u>fácil</u> de resolver. ¡Resuelva dentro de 90 días!

H. Organice entonces otro evento interno.

I. Después que usted resuelva estos dos problemas fáciles, escoja ahora el PRIORITARIO y resuelva dentro de 180 días.

Tabla 9.2: Método de Solución de Problemas.

PDCA	FLUJO-GRAMA	FASE	OBJETIVO
P	①	IDENTIFICACIÓN DEL PROBLEMA	Definir claramente el problema y reconocer su importancia.
	②	ANÁLISIS DEL FENÓMENO	Investigar las características específicas del problema con una visión amplia y sobre varios puntos de vista.
	③	ANÁLISIS DEL PROCESO	Descubrir las causas fundamentales.
	④	PLAN DE ACCIÓN	Concebir un plan para bloquear las causas fundamentales.
D	⑤	EJECUCIÓN	Bloquear las causas fundamentales.
C	⑥	VERIFICACIÓN	Verificar si el bloqueo ha sido efectivo.
	◇ N ? S	(¿BLOQUEO HA SIDO EFECTIVO?)	
A	⑦	ESTANDARIZACIÓN	Prevenir contra el resurgido del problema.
	⑧	CONCLUSIÓN	Recapitular todo el proceso de solución del problema para trabajos futuros.

* Vea pormenorización de este método en el Anexo E.

J. Al final de estos 180 días organice otro evento. En un año usted tendrá organizado tres eventos y cada Gerente resuelto tres problemas.

K. Su grupo de solución de problemas debe ser montado <u>dentro de su gerencia</u>. Una u otra persona de fuera puede participar, pero el <u>responsable es usted</u>. No haga grupos muy grandes. <u>Tres o cuatro personas en máximo</u>. En grupos muy grandes las personas se quedan sin chances de colaborar y acaban perdiendo el entusiasmo.

L. No sé si usted lo ha notado, pero la única diferencia entre el método PDCA como aquí presentado y el método de "hacer un plan de acción", presentado en el Ítem 7.1 y Figura 7.1, es que la etapa de <u>planificación</u> es más detallada.

M. Cuanto mejor usted planifique, mejores metas usted alcanzará. <u>El gran secreto de la gestión es la planificación</u>! Deje los hechos y los datos (informaciones y conocimiento) iluminaren su planificación.

N. En el futuro, usted irá percibir que otros conocimientos serán necesarios para <u>mejorar cada vez más su planificación</u>: siete herramientas de la calidad, siete herramientas de la administración, planificación de experiencias, análisis de variancia, etc.

O. Procure aumentar continuamente la capacidad de planificación - suya y de su equipo. ¡Promueva un entrenamiento en *Green Belt* y después *Black Belt* para su equipo!

9.3   *Cómo aprender a trabajar con el PDCA*

A. Mientras usted va resolviendo sus dos problemas fáciles y un prioritario, con la ayuda de sus colaboradores inmediatos, procure hacer lo que describe el próximo ítem.

B. <u>Para cada meta monte un plan de acción,</u> basado en el método PDCA, siguiendo las cuatro etapas, mismo que todo sea hecho en algunos días (vea ítem 3.1 y Figura 3.1).

C. Vea la Figura 9.1. Nuestro "método antiguo" era <u>actuar</u>, sin conducir el <u>análisis de proceso</u> (buscar causas) basada en observación (hechos y datos). Sacábamos del "alto de nuestras cabezas" lo que había que ser hecho.

D. De ahora adelante no permita que **nada** sea hecho en su área de trabajo si no esté en un <u>plan de acción</u> basado en <u>análisis</u> hechos por el equipo.

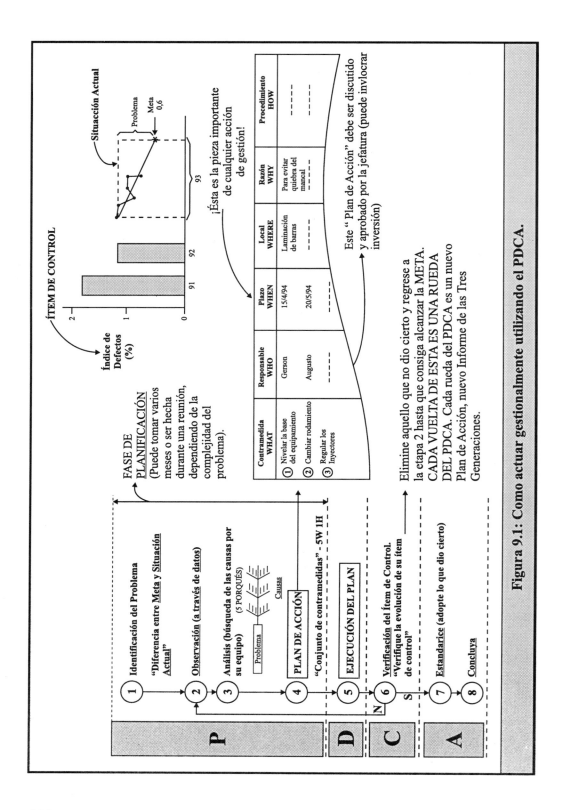

Figura 9.1: Como actuar gestionalmente utilizando el PDCA.

Y. Acostúmbrese y a su equipo a montar un plan de acción para todo, como mostrado en ítem 3.1 y Tablas 3.1 y 3.2.

F. Vaya creando un <u>nuevo comportamiento</u> en su equipo, basando todo trabajo en <u>planificación</u> montado a partir de análisis y datos. Aun que esto sea hecho en solo algunas horas.

G. Note que, si usted seguir el método, o su <u>plan de acción</u> será el consenso de su equipo. Será el producto de mejor conocimiento de todos.

H. Cuando usted vaya implementar el plan, la <u>motivación y adhesión</u> serán mucho mayores. Inténtelo.

I. Otra cosa. El PDCA es un <u>proceso de toma de decisiones</u>. ¿Hasta qué punto podemos acelerar este proceso?

J. Un plan de acción pode ser montado en una reunión o, a veces, un plan de acción inicial es montado en una reunión para ya ir adelantando la solución del problema y otro plan de acción es montado con más tiempo, más información, más análisis, siguiendo fielmente el método PDCA, como mostrado en el Anexo E.

K. La solución de algunos problemas exige la participación de muchas personas, pero en otros casos solo una persona va al "local donde ocurrió la anormalidad, ayuda a identificar la causa y actúa rápidamente".

L. Precisamos aprender a utilizar el PDCA. Precisamos aprender a pensar según el método PDCA. Siempre <u>tomando acciones preventivas</u>, todos los niveles de la empresa, lo más rápidamente posible.

M. Esté muy cierto de que usted está "firme en la montura" y entendió muy bien la Tabla 1.1 y el Anexo A. <u>Usted no puede ser Gerente o Director de empresas en el mundo de hoy sin entender estos conceptos y métodos muy bien</u>.

N. Cuanto más <u>hechos y datos</u>, o <u>información</u>, o <u>conocimiento</u> usted utilice en la <u>PLANIFICACIÓN</u>, mejor será su gestión. Metas más desafiadoras usted alcanzará. NO EXISTE SUSTITUTO PARA EL CONOCIMIENTO. <u>PDCA exige conocimiento</u>.

A. Si usted alcanzar su meta, solo muestre su resultado. Ahora, si usted no alcanzó la meta es señal de que su plan de acción fue insuficiente y usted precisa levar para la reunión un PLAN COMPLEMENTAR que le permita rodar otra vez el PDCA.

B. Cada rueda del PDCA debe ser relatado en una reunión con su jefe.

C. Este relato debe ser hecho de forma organizada, retratando el método PDCA, como mostrado en la Tabla 9.2 y en la Figura A.3 del Anexo A.

D. La Figura 9.2 muestra como la rueda del PDCA está relacionada con el Informe de las Tres Generaciones. La figura es auto-explicativa.

Y. Este informe es así llamado porque muestra:

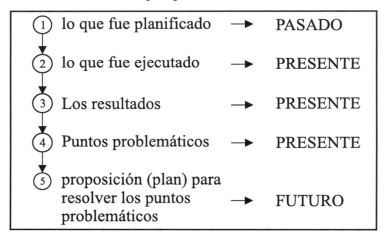

F. Su jefe debe recibir este informe antes de la reunión.

G. Es necesario hacer un informe de estos para cada meta, pero solamente cuando la meta no haya sido alcanzada, pues el informe corresponde a un nuevo plan de acción del que hacer para alcanzarla.

H. La Tabla 9.3 muestra un ejemplo de Informe de las Tres Generaciones. Usted podrá disponer el informe de forma diferente, contando que mantenga la secuencia completa del PDCA.

I. El ejemplo de la Tabla 9.3 fue traducido a partir de un informe de una empresa japonesa fabricante de productos cosméticos y detenedora del Premio Deming.

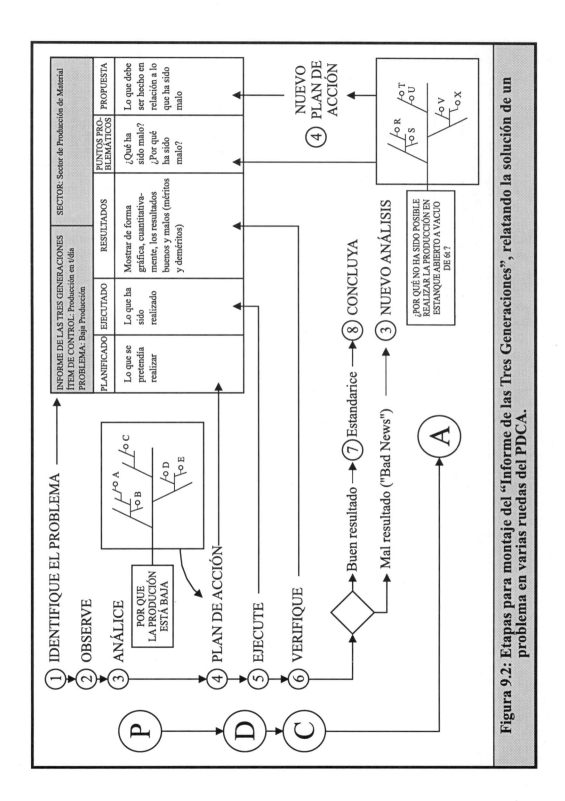

Figura 9.2: Etapas para montaje del "Informe de las Tres Generaciones", relatando la solución de un problema en varias ruedas del PDCA.

Tabla 9.3: Informe de las Tres Generaciones.

ÍTEM DE CONTROL: Producción en todo día
META: Elevar el volumen de producción para los niveles indicados
PROBLEMA: Bajo volumen de producción

INFORME DE LAS TRES GENERACIONES
SECTOR: Sector de producción de material refinado
FECHA: 30/09/92

PLANIFICADO	EJECUTADO	RESULTADOS	PUNTOS PROBLEMÁTICOS	PROPOSICIÓN
1. Conducir experiencia para producir en estanque abierto a vacio de 6t.	1. Ha sido conducido con éxito.	Objetivo: 5.936/año Resultado real: 5.870t/año Realizado: 98,9% (ton) Gráfico de la evolución del volumen de producción → Objetivo: 100%/año Resultado real: 100,3%/año Realizado: 100,3% (%) Gráfico de control del índice realizado de la carga planificada	Razones de la no realización de la producción del estanque abierto y el vacio de 6t.	• Para el aumento del volumen del lote de la emulsión, necesaria a confirmación de los items para la garantía de la calidad. Resp.: João Maia Plazo: 15/11/92
2. Racionalizar el transporte del líquido neto.	2. Reducido el tiempo de transporte.		1. No ha sido posible la producción hasta junio con misturador de 6t en virtud del problema de caída de la viscosidad del RPTD. (De 260t, han sido producidos solo el 4%t).	
3. Mantener constante el volumen de carga.	3. Mantenido en el final del periodo.	Objetivo: 2.060t/año Resultado real: 1.450t/año Realizado: 70,4% Gráfico de la evolución del volumen de producción del estanque abierto y el vacio de 6t → Objetivo: 3.678t/año Resultado real: 4.419t/año Realizado: 114,0% (Mes) Gráfico de evolución del volumen de producción de otros maquinários (cuellos)	2. Producto que debería ser producido con misturador de 6t ha sido producido con misturador de 1t, parceladamente, (RPTD 18,5%, PETK 0,5).	• Si posible, efectuar una producción combinada con el volumen del lote. Resp.: Carlos Augusto Plazo: 30/11/92
4. Determinar cuello en el flujograma.	4. Análisis hecho.			
5. Actuar en los cuellos, racionalizando.	5. Reducido el tiempo de cronograma del *lead time* total.		3. El *Rinse Shampoo* ha sido menor del que la previsión anual. (219t del planificado de RGSA, RGSB, RPGA e RPGB, producido 6t).	• Necesaria la elevación de la precisión de la perspectiva de la venta. (Otras divisiones). Resp.: División Ventas Plazo: Reunión Anual en 12/12/92.
6. Analizar la eficiencia del tanque abierto a vacio de 6t.	6. Reducido el tiempo de carrera.			

J. Entonces vamos resumir el contenido de las cinco columnas del "Informe de las Tres Generaciones", tal como mostrado en la Tabla 9.3:

1. **PLANIFICADO**: En esta columna entran las contramedidas propuestas en su PLAN DE ACCIÓN como aquellas en la primera columna de la Tabla 3.2, por ejemplo.

2. **EJECUTADO**: Relate aquí lo que fue hecho en cada contramedida listada en la columna anterior, pues ni siempre lo ejecutado sale como ha sido planificado.

3. **RESULTADOS**: Coloque aquí un gráfico mostrando el ítem de control y si la meta fue alcanzada o no. Si la meta fue alcanzada, óptimo. Reciba elogios. Si no, haga un análisis para saber por qué la meta no fue alcanzada.

4. **PUNTOS PROBLEMÁTICOS**: Liste aquí el resultado del análisis conducido, mostrando las causas de no alcance de la meta.

5. **PROPOSICIÓN**: Relacione aquí las contramedidas para cada causa listada en el ítem anterior. Estas contramedidas se ajuntarán a las otras aun no totalmente ejecutadas de la columna planificado, constituyendo así la columna planificado del próximo informe.

K. Su relato no tiene que ser exactamente como en la Tabla 9.3. Lo importante es mostrar su PLAN COMPLEMENTAR (proposición).

9.5 Tópicos para reflexión por los "Grupos de Cumbuca"

A. ¿Ustedes y sus equipos poseen una buena capacidad de planificación? ¿Ustedes ya percibieron la necesidad de mejorar continuamente la capacidad de planificación usando el PDCA y el enriquecimiento de este método con técnicas especiales (inclusive la Estadística, las 14 herramientas y conocimiento de tecnología de proceso y producto)?

B. ¿El grupo ya percibió la importancia del PLAN DE ACCIÓN que viene de cada meta?

C. Discutan el "Informe de las Tres Generaciones". ¿Cuál su relación con el ítem de control, con la meta y con el plan de acción?

CAPÍTULO 10

Cómo Perfeccionar la Gestión de sus Procesos para Mantener los Resultados

A. Para que se tenga un buen "CONTROL DE PROCESO", los pasos iniciales para todos los Gerentes y Directores están descritos en la Tabla 8.1.

B. El primer nivel gerencial (arriba del Supervisor), además de aquellos pasos iniciales descritos en la Tabla 8.1, debe asegurar que las personas, al ejecutar las funciones operacionales (como descritas en la Tabla 1.1), sepan cómo participar del control.

C. En este caso (primer nivel gerencial o unidad gerencial básica), además de la secuencia descrita en la Tabla 8.1, se debe garantizar:

1. estandarización y entrenamiento en el trabajo (Operador);

2. relato de anormalidades (Operador);

3. diagnóstico del cumplimento de los Procedimientos Operacionales Estándar y entrenamiento en el trabajo (Supervisor);

4. "análisis de anormalidades" y "informe de anormalidades" (Supervisor);

5. revisión diaria del informe de anormalidades, buscando las causas fundamentales (Gerente o Asesor).

D. Esto es la BASE del Control, como fue visto en los capítulos anteriores y resumido en la Figura 7.1.

Y. El abordaje de control de proceso, como fue visto hasta ahora, es muy "funcional" y centrada en la "unidad gerencial básica" o primer nivel gerencial.

F. Sin embargo, los Gerentes Seniores y los Directores también gestionan procesos, pero con una visión más "interfuncional".

G. Cuanto más se sube en la jerarquía, más interfuncionales se convierten los procesos, y el flujograma adquiere un valor muy grande.

H. En estos casos, asumen importancia cada vez mayor los ESTÁNDARES GERENCIALES y los ESTÁNDARES TÉCNICOS DE PROCESO.

I. En la verdad, estos dos documentos son similares y atienden al mismo objetivo. Constan de un flujograma y del 5W1H.

J. El Estándar Gerencial debe ser utilizado más para procesos administrativos y de servicio. El Estándar Técnico de Proceso debe ser utilizado más para procesos de manufactura.

K. Sin embargo, no existe una frontera clara y definida entre los dos.

L. El Control de Procesos está basado en el Estándar Gerencial y en el Estándar Técnico de Proceso, tal como será visto a continuación.

M. Es bueno no olvidarse que el "CONTROL DE PROCESOS" es conducido por medio del método PDCA y está descrito en el Anexo A.

N. Es imperativo el perfecto entendimiento del Anexo A, para que se entienda la gestión.

10.1 *Gestión de procesos administrativos y de servicio*

A. El Estándar Gerencial es el documento básico para la gestión de los procesos administrativos y de servicio. La Figura 10.1 muestra un ejemplo de un Estándar Gerencial.

B. Ejemplos de procesos administrativos: proceso de asistencia técnica, proceso de facturación, proceso de previsión de ventas, proceso de compras, proceso de instalación de un cantero de obras, proceso de manutención preventiva, etc.

C. Todo Gerente debe establecer un Estándar Gerencial para cada "producto" (ej.: cobranza) de su gerencia o de "su negocio".

D. Cuando se desea mantener los resultados, la planificación de la gestión de este proceso (P del PDCA) consta de:

1. METAS de calidad de la cobranza, de costo de la cobranza y de plazo de la cobranza. Estas son llamadas de metas estándar.

2. MÉTODO para alcanzarse estas metas, que es el Estándar de Gerencial.

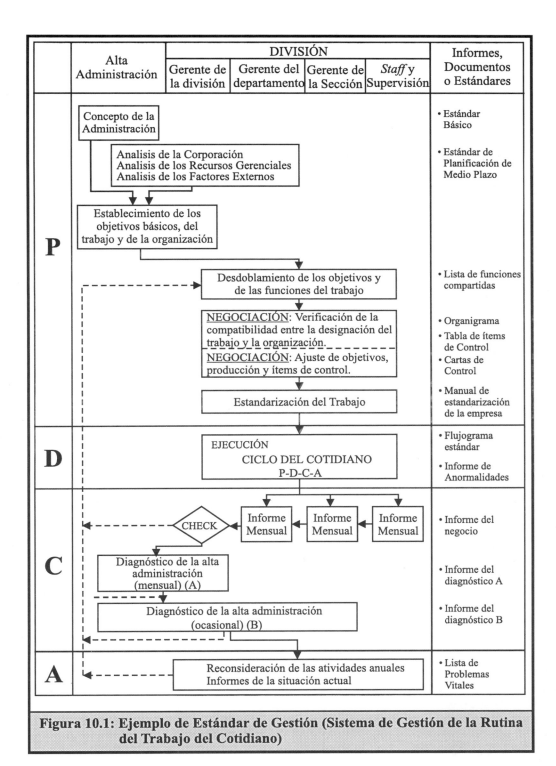

	Alta Administración	DIVISIÓN				Informes, Documentos o Estándares
		Gerente de la división	Gerente del departamento	Gerente de la Sección	*Staff* y Supervisión	
P	Concepto de la Administración Analisis de la Corporación Analisis de los Recursos Gerenciales Analisis de los Factores Externos Establecimiento de los objetivos básicos, del trabajo y de la organización	Desdoblamiento de los objetivos y de las funciones del trabajo NEGOCIACIÓN: Verificación de la compatibilidad entre la designación del trabajo y la organización. NEGOCIACIÓN: Ajuste de objetivos, producción y ítems de control. Estandarización del Trabajo				• Estándar Básico • Estándar de Planificación de Medio Plazo • Lista de funciones compartidas • Organigrama • Tabla de ítems de Control • Cartas de Control • Manual de estandarización de la empresa
D		EJECUCIÓN CICLO DEL COTIDIANO P-D-C-A				• Flujograma estándar • Informe de Anormalidades
C	CHECK Diagnóstico de la alta administración (mensual) (A) Diagnóstico de la alta administración (ocasional) (B)	Informe Mensual	Informe Mensual	Informe Mensual		• Informe del negocio • Informe del diagnóstico A • Informe del diagnóstico B
A		Reconsideración de las atividades anuales Informes de la situación actual				• Lista de Problemas Vitales

Figura 10.1: Ejemplo de Estándar de Gestión (Sistema de Gestión de la Rutina del Trabajo del Cotidiano)

Y. Vea Figura A.2 en el Anexo A, a fin de entender como gestionar un proceso para mantener los resultados estándar, con base en el Estándar Gerencial.

F. Todos aquellos resultados (ítems de control) que usted desea mantener deben ser monitoreados y comparados con una faja de resultados aceptables, por ejemplo: tiempo consumido en las compras. En este caso, se puede medir el tiempo y comparar con una faja de tiempo aceptable (ej.: entre 4 y 5 horas). Vea ítem 6.1.

G. Cualquier desvío debe ser tratado como una ANORMALIDAD de la manera ya explicada. Esto corresponde a la ACCIÓN CORRECTIVA en la Figura A.2.

H. Si el Gerente precisa mejorar sus resultados (calidad, costo o plazo) de cobranza, debe utilizar el PDCA de mejorías (vea Figura A.3 del Anexo A y Anexo E) y alterar su estándar de sistema (vea ítem 5.2).

I. Esta mejoría puede darse aceptando el proceso actual y haciendo correcciones (KAIZEN) o desarrollando un nuevo proceso (KAIKAKU). Vea Figura 14.3 y Figuras A.3, A.4 y A.5 del Anexo A. Este último caso engloba lo que se denominó recientemente como reingeniería.

J. Se recomienda a los Gerentes de áreas de servicio, (ventas, compras, asistencia técnica, facturación, cobranza, etc.) que también lean los ítems relativos al Estándar Técnico de Proceso, pues en el fondo es todo la misma cosa.

K. Conceptualmente no existen diferencias entre la gestión de áreas administrativas y manufactureras. Del punto de vista gerencial hay plena correspondencia.

L. Observándose la Figura 10.1, cada etapa del flujograma podrá corresponder a un Procedimiento Operacional Estándar (que es el H del 5W1H). El conjunto del Estándar de Sistema y de estos Procedimientos Operacionales Estándar forma el "Manual del Sistema".

M. Las palabras "sistema" y "proceso" están aquí siendo utilizadas con sentido semejante, aun que sistema tenga sentido bien más amplio que proceso.

N. La principal función (tipo de trabajo) del Gerente en todos los niveles - inclusive Directores - es el desarrollo de sistemas, es decir, la gestión de procesos.

O. Desarrollar sistemas significa estructurar su gestión (vea Tabla 8.1), de tal forma que usted pueda mantener y mejorar siempre los resultados de calidad, costo y plazo de los productos del sistema.

P. La observación de la Tabla 8.1 y una reflexión sobre el Anexo A conducirán a un mejor entendimiento de tales hechos.

10.2 Gestión de procesos de manufactura

A. El Estándar Técnico de Proceso (*QC Process Chart* o "Tabla de Control de la Calidad del Proceso") es el documento básico para el control del proceso.

B. Este documento contiene todos los parámetros técnicos, como definidos por el área técnica de la empresa, necesarios a la fabricación de un bien o conducción de un servicio.

C. Visitamos varias empresas en Japón y nunca vimos dos de estos documentos exactamente iguales. El encabezamiento cambia, en función de las necesidades de información de cada empresa.

D. Cada empresa debe establecer un formulario que mejor atienda a sus necesidades. Esta definición es de responsabilidad de su área técnica.

Y. Es de responsabilidad para el personal operacional cumplir con los estándares establecidos (presión, temperatura, tiempo, etc.) en el Estándar Técnico del Proceso. La Gestión debe cuidar para que eso ocurra de tal manera a garantizar la calidad.

F. El Gerente podrá proponer alteración en el Estándar Técnico del Proceso para mejorar sus resultados. Sin embargo, esta alteración solo podrá ser concluida con la autorización del área técnica.

G. La Figura 10.2 muestra un molde básico de un Estándar Técnico de Proceso. El Anexo F muestra otra forma de disponer las informaciones técnicas.

H. Habrá un Estándar Técnico del Proceso para cada producto o familia de productos.

I. El Estándar Técnico del Proceso contiene las instrucciones sobre los parámetros que deben ser reajustados y los valores de las características de la calidad que deben ser alcanzados en cada proceso, de tal manera que los clientes (internos y externos) se queden satisfechos.

J. Por lo tanto este documento hace parte del proceso de Desdoblamiento de la Función Calidad.

K. La Figura 10.3 muestra como utilizar el Estándar Técnico del Proceso en el control del proceso.

AQUÍ SON COLOCADOS LOS RESULTADOS DEL ANÁLISIS DE PROCESO Y SE CONSTITUYEN EN SECRETO DE LA EMPRESA

	PROCESO		CALIDAD ASEGURADA		NIVEL DE CONTROL		MÉTODO DE VERIFICACIÓN				ACCIÓN CORRECTIVA	
FLUJO-GRAMA	NOMBRE DEL PROCESO		CARACTE-RÍSTICA DE LA CALIDAD	VALOR ASEGURADO	PARÁMETRO DE CONTROL	VALOR ESTÁNDAR	WHO / PERSONA RESPONSABLE	WHEN / MEDICIÓN (HORA/FREC.)	WHERE / INSTRU-MENTO DE MEDIDA	HOW / REGISTRO	QUE HACER	A QUIÉN BUSCAR
⃝	METALURGÍA EN LA OLLA		. HOMOGE-NEIDAD	VARIACIONES DE COMPOSICIÓN Y TEMPERATURA A LO LARGO DE LA CARRERA INFERIORES AL 3%	. TIEMPO DE SOPLO DE ARGONIO	ENTRE 2,5 y 3 min.	OPERADOR DE SOPLO	TODAS LAS CARRERAS	TIMER	MAPA DE CARRERA	ESTÁNDAR DE CORRECCIÓN BS-7318	LÍDER
					. PRESIÓN DE SOPLO	ENTRE 2 y 2,5 atm.	OPERADOR DE SOPLO	TODAS LAS CARRERAS	MEDIDOR DE PRESIÓN AS-432	MAPA DE CARRERA	ESTÁNDAR DE CORRECCIÓN BS-7318	LÍDER
					. FLUJO	ENTRE 1 y 1,5 Nm3/t	OPERADOR DE SOPLO	TODAS LAS CARRERAS	MEDIDOR DE FLUJO AS-536	MAPA DE CARRERA	ESTÁNDAR DE CORRECCIÓN BS-7318	LÍDER
			. TENOR DE CARBONO	ENTRE 0,45 - 0,56%	. ACIERTO DEL CARBO-NO EN LA OLLA	ESTÁNDAR DE INYECCIÓN BS-5201	OPERADOR DE PLATA-FORMA	TODAS LAS CARRERAS	RAYOS X	MAPA DE CARRERA		JEFE DE TURNO
⃝	LINGOTA-MIENTO		. CALIDAD SUPERFI-CIAL	100% (AUSENCIA DE BURBUJAS, GRIETAS Y FALLAS)	. TEMPERA-TURA DE LINGOTA-MIENTO	ENTRE 1570 y 1600	OPERADOR DE TORRE	TODAS LAS CARRERAS	TERMOPAR AX-32	MAPA DE CARRERA	ESTÁNDAR DE CORRECCIÓN BS-6881	JEFE DE TURNO
					. VELOCIDAD DE LINGO-TAMIENTO	ENTRE 2 y 3 m/min	OPERADOR DE PANTEL	TODAS LAS CORRERAS	MEDIDOR VELOCIDAD	REGISTRO CONTINUO AM-031	PO-583	JEFE DE TURNO
PROCESO	QUE TIENE QUE SER GARANTIZADO POR EL PROCESO				QUE TIENE QUE SER AJUSTADO POR LOS OPERADORES		COMO MEDIR Y ANOTAR LOS PARAMETROS DE CONTROL				QUE TIENE QUE SER HECHO POR EL OPERADOR MEDIANTE LA OCURRENCIA DE ANOMALIDAD	

WHAT

Figura 10.2: Ejemplo de un "Estándar Técnico de Proceso".

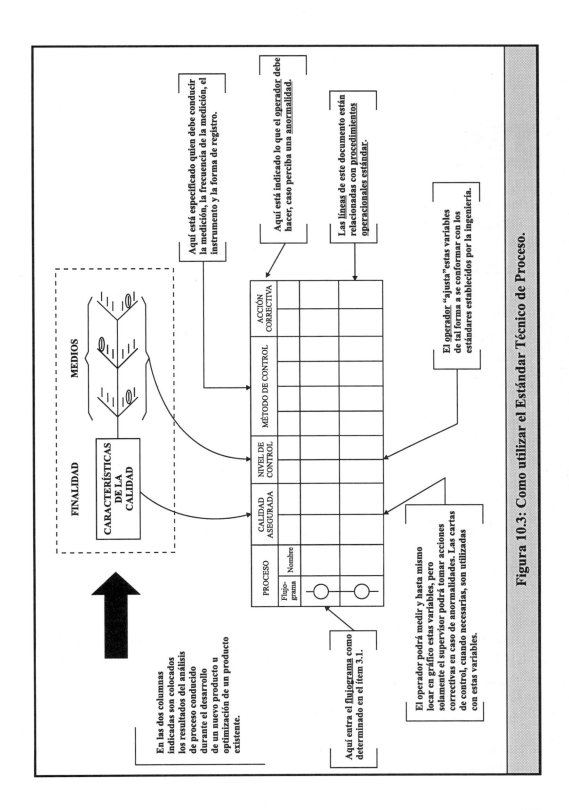

Figura 10.3: Como utilizar el Estándar Técnico de Proceso.

L. Si los productos sobre su responsabilidad aún no disponen de un Estándar Técnico del Proceso, solicite al área técnica de su empresa su confección. Inicie relatando la situación real actual y no aquello que usted imagina, desea o sueña.

10.3 El control está basado en el estándar técnico del proceso

A. Uno de los primeros pasos en el montaje del "control del proceso avanzado" es establecer un Estándar Técnico del Proceso que refleje la operación actual a través del flujograma.

B. Usted va a ver que faltan datos y, posiblemente, que faltan hasta especificaciones.

C. Busque el área de ingeniería de su empresa y trabaje en conjunto para armar su Estándar Técnico del Proceso.

D. El Estándar Técnico del Proceso debe dejar bien entendido que el Supervisor debe controlar (vea Figura 10.3).

Y. Los ítems de control del Supervisor pueden ser "acompañados" por el Operador, pero, mediante cualquier anormalidad, éste debe llamar al Supervisor (relato de anormalidades, vea ítem 5.2, línea I).

F. El Supervisor "ejerce el control", es decir, busca la causa de la anormalidad (causa inmediata) y actúa. La Gestión ejerce el control sobre las causas fundamentales de la anormalidad (vea Figura 6.1 y su complemento, la Figura 10.5).

G. El Estándar Técnico del Proceso debe dejar claro los "ítems de reajuste" (o parámetros de control) del Operador.

H. Estos parámetros son estandarizados y los Operadores deben reajustar continuamente tales parámetros de tal manera que estén de acuerdo con el estándar.

I. Existen, pues, ítems que son controlados (Supervisores y Gestión) y ítems que son reajustados (Operadores).

J. Ejemplo de control: La dureza del acero abajó de los valores estándar. ¿Cuál es la causa? La temperatura de laminación aumentó encima de la faja de valores estándar indicada.

Contramedida: Reducir la temperatura de operación del horno de calentamiento.

K. Ejemplo de reajuste: El estándar indica un voltaje entre 110 y 115V. El voltaje está en 121V. Acción: Ajustar el voltaje de tal manera que regrese a la posición especificada en el estándar.

L. En muchos casos, este "ajuste de parámetros" es automatizado (*setpoint*).

10.4 *Solicite una "evaluación de procesos" para identificar los "puntos débiles" y los "puntos fuertes"*

A. Es mucho más común de lo que se imaginaba la existencia de procesos totalmente fuera de control y incapaces.

B. Generalmente, cuando solicitamos a las personas que hagan una "Evaluación del Proceso", la respuesta es: "esta empresa existe ya muchos años. ¡El proceso está estable!"

Repito: "por favor, hagan una evaluación".

En la vuelta a la empresa, tras algunos meses, pregunto: "¿dónde está la evaluación?" Responden: "¿usted cree que precisa mismo?"

Recalco: "¿quien puede hacerme este favor?".
Siempre hay una buena alma...

Después que esta persona hace la evaluación y los resultados surgen, ¡todo el mundo se queda asustado! Generalmente está todo fuera de control y no atiende a las especificaciones.

C. Caso eso ocurra, llame entonces el personal de Control de la Calidad o de la Ingeniería y pida a ellos para que hagan una evaluación.

D. Para conseguir resultados, debemos concentrar esfuerzos en un solo producto, hacer el flujograma y la evaluación del proceso, con la finalidad de localizar puntos en los cuales utilizar el PDCA.

Y. Escoja como meta vender el producto de la empresa para el comprador más difícil.

F. Escogido el producto, coloque como meta reducir los defectos para la mitad, una tercera parte o un décimo. Generalmente los técnicos dicen que esto es imposible, pero es preciso ser listo y varios brasileños listos ya están consiguiendo esto.

G. Incluya en el esfuerzo el personal del proyecto, de los proveedores, etc. Pida la ayuda de varias áreas que entiendan del asunto.

H. Busque <u>eliminar desperdicio de tiempo</u>. Mueva los tiempos a lo largo del flujograma. Analice.

I. La evaluación del proceso es una cosa muy simple y debe ser hecha[6,17].

J. La Figura 10.4 muestra una manera de redactar una evaluación del proceso.

K. Ahora que usted tiene su proceso evaluado, use <u>acción correctiva (tratamiento de las anormalidades) y estandarización en los puntos críticos</u>.

L. Después de un "ataque general" al proceso (usted y sus Supervisores) con acciones correctivas, use el "método de solución de problemas (PDCA)" para los problemas crónicos.

M. Su meta es convertir todos los procesos en "verdes", es decir, bajo control y capaces. (La verdad, la meta es un Cpk superior al 1,33).

N. ¡Cuidado! <u>Las especificaciones pueden estar erradas</u> o muy exigentes. Solicite a la Ingeniería una reevaluación de los casos críticos.

O. Después que usted "sacar el resto", estará listo para establecer las "cartas de control" para dar un paso adelante.

10.5 Utilización de las cartas de control

A. Observándose el Estándar Técnico del Proceso, las variables contenidas en la columna "Calidad asegurada" deben ser periódicamente <u>medidas</u> para evaluar si el proceso está cumpliendo su misión.

B. Estas medidas pueden tener frecuencias diferentes y ser dispuestas de forma diferente, por ejemplo: señal iluminado, gráficos, *displays*, cartas de control, etc.

C. CEP (Control Estadístico del Proceso) no es solamente "carta de control". Controlar un proceso es esencialmente tener medios de <u>mantener</u> y <u>mejorar</u> sus resultados.

D. Las "<u>cartas de control</u>" (vea Figura 6.1) son una buena manera de disponer datos, pues permiten:

1. <u>separar las anormalidades,</u> debido a las "<u>causas especiales</u>", en las cuales la actuación inmediata es a través de "acción correctiva";

2. <u>separar los resultados no deseados,</u> debido a las "causas comunes" o causas sistémicas y sobre las cuales se debe usar el PDCA (Método de Análisis y Solución de Problemas);

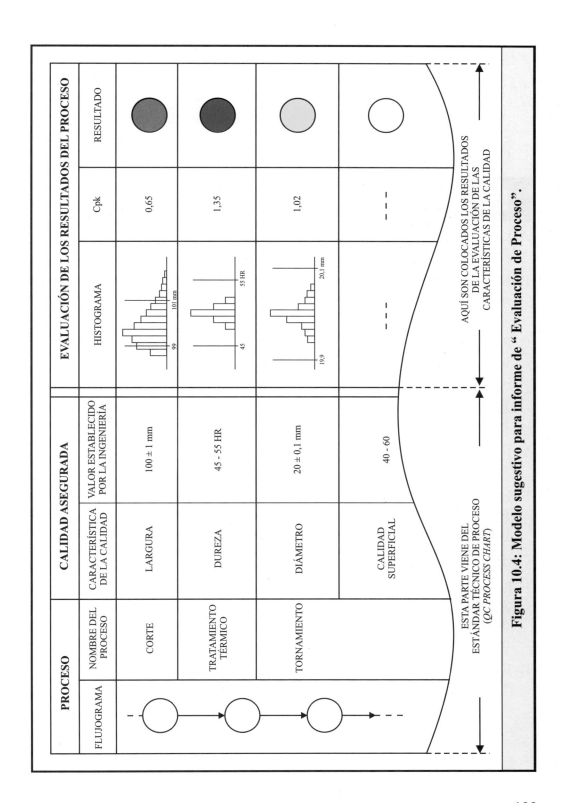

Figura 10.4: Modelo sugestivo para informe de " Evaluación de Proceso".

3. evaluar la dispersión de tal forma a reducirla a niveles económicamente viables, aumentando la confiabilidad y reduciendo precios - usándose para esto el PDCA.

Y. Cuando usted llegue al punto de utilizar estos gráficos, busque un curso. Pero tome cuidado, ni siempre los instructores de "cartas de control" entienden de "control de proceso"... El Instituto de Desenvolvimento Gerencial tiene cursos adecuados.

10.6 *Control del proceso avanzado*

A. Llegando a este punto, usted estará listo para tener un "Control de Proceso Avanzado", como muestra la Figura 10.5.

B. Nuestra META, en esta etapa, es tener todas las características de la calidad (columna "Calidad asegurada" del Estándar Técnico del Proceso) con Cpk superior al 1,33.

C. Para esto es necesario ahora un empeño mayor del Gerente y de su staff técnico.

D. La "Revisión Periódica" demostrada en la Figura 10.5 es un Análisis de Pareto de las anormalidades para definir las prioridades de ataque. La Figura 5.5 muestra un ejemplo de Análisis de Pareto.

Y. Esta revisión debe ser hecha de una forma tan continua como necesaria. Es posible que, en el inicio, ¡usted tenga que hacer esto mensualmente!

F. Los problemas crónicos levantados deben ser atacados por el método PDCA, como demostrado en el Anexo E - con base en hechos y datos (información, conocimiento), calmamente.

G. El objetivo es eliminar las anormalidades.

H. Semestralmente, debe ser enviado a la jefatura superior un "Informe de Situación Actual", demostrando la situación de todas las metas oriundas de la Gestión por las Directrices, inclusive aquellas de reducción de anormalidades.

I. Este informe puede ser hecho teniendo como base el modelo del "Informe de las Tres Generaciones" (vea Tabla 9.3).

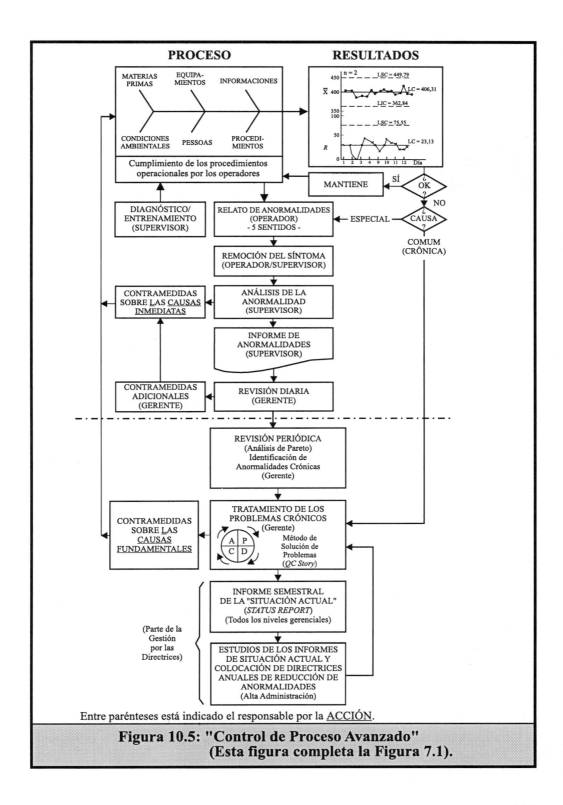

Figura 10.5: "Control de Proceso Avanzado"
(Esta figura completa la Figura 7.1).

J. Finalmente, el control de procesos (de la Gestión de la Rutina del Trabajo del Cotidiano) debe estar íntimamente unido a la "Gestión por las Directrices" de la alta administración (vea Figura 10.5 y Tabla 1.1).

K. La Figura 10.5 es una otra forma de representar la Figura A.2 del Anexo A.

10.7 Tópicos para reflexión por los "Grupos de Cumbuca"

A. Sugiero al grupo rediscutir la Tabla 8.1. ¿Todos los miembros ya comenzaron a trabajar en la Tabla? Compartan experiencias.

B. Discutan las condiciones mínimas enunciadas en el ítem 10.C para el primer nivel gerencial. Analicen los puntos fuertes y los puntos débiles del área de cada uno.

C. ¿Recuerdan del flujograma del proceso solicitado en la Tabla 8.1? Ahora relacionen este flujograma con el Estándar Gerencial (Figura 10.1) y el Estándar Técnico del Proceso (Figura 10.2).

D. Procuren discutir con los compañeros de grupo cuantos productos y cuantos procesos ustedes juzgan tener. Cada un enuncie.

Y. Sugiro que cada participante intente levar un ejemplo de Estándar de Sistema o de Estándar Técnico de Proceso para discutir con el grupo. Aunque solo una parte sea.

F. Procuren discutir las acciones gerenciales para mantener un resultado y para mejorarlo.

G. Discutan el significado de desarrollo de sistemas.

H. Sugiero que cada columna del Estándar Técnico del Proceso sea discutida, bien como su utilidad. Recuérdense: cada uno puede armar un estándar de su propia forma.

I. Tanto el Estándar Gestión cuanto el Estándar Técnico de Proceso sirven como contacto entre las funciones gerenciales y operacionales. ¿Está cierto?

J. ¿Está nítida la diferencia entre ítem de control y ítem de ajuste?

K. Una evaluación de procesos industriales podrá enfatizar mediciones de anchura, diámetro, altura, largura, presión, dureza, etc. ¿Una evaluación de procesos administrativos podría enfatizar qué? ¿Tiempo? ¿Errores? ¿Omisiones?

L. Discutan la utilización de las cartas de control.

M. ¿El grupo percibió el papel fundamental de la gerencia en las ACCIONES CORRECTIVAS para la eliminación completa de las anormalidades? Es fundamental discutir esto. ¡Solo la gerencia podrá garantizar la eliminación de las anormalidades!

N. Discutan la utilidad del "Informe de la Situación Actual".

O. El grupo deberá discutir sobre:

1. La relación entre las Figuras 10.5 y A.2 del Anexo A.

2. Lo que ya es hecho y lo que aún no es hecho en el área de cada uno, tomando la Figura 10.5 como referencia.

3. Un plan de educación y entrenamiento de su personal para tener un "control del proceso avanzado" en el área (vea Figura 10.5).

P. Si algún miembro del grupo ya hubiera hecho, aún que de manera precaria, una evaluación del proceso, muestre a los compañeros del grupo y discuta con ellos.

CAPÍTULO 11

Cómo Garantizar la Calidad

A. La función "Garantía de la Calidad" es ejercida por todas las personas de la empresa y de sus proveedores.

B. Los <u>Operadores garantizan la calidad cumpliendo los Procedimientos Operacionales Estándar</u>, de ahí la importancia del "diagnóstico del supervisor".

C. El <u>Supervisor</u> y <u>todos los otros niveles de jefes garantizan la calidad encargando la responsabilidad por sus ítems de control</u> (encargarse de la responsabilidad significa controlar vía PDCA) y manteniendo un Cp y Cpk superior a 1,33.

D. La calidad (satisfacción) es garantizada para las PERSONAS (clientes, accionistas, empleados y vecinos).

Y. La práctica del control (PDCA) de la calidad, como es mostrado en la Figura A.4 del Anexo A lleva la garantía de la calidad.

F. Recordando: <u>Controlar la calidad es</u>:

1. <u>Definir</u> sus estándares con base en las necesidades de las personas;

2. Trabajar conforme los estándares (<u>mantener</u>);

3. <u>Mejorar</u> constantemente los estándares para satisfacción de las <u>personas</u>.

G. La Figura 11.1 muestra los varios puntos del proceso en los cuales la calidad debe ser observada.

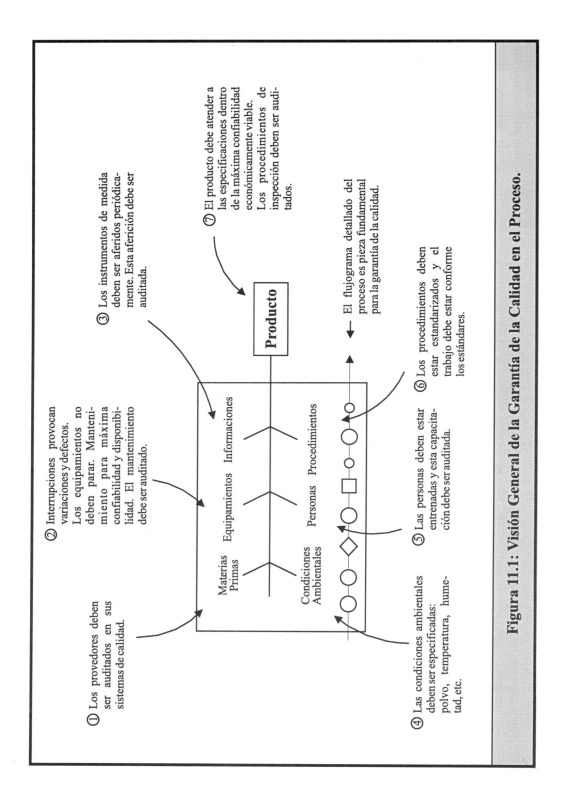

Figura 11.1: Visión General de la Garantía de la Calidad en el Proceso.

① Los provedores deben ser auditados en sus sistemas de calidad.

② Interrupciones provocan variaciones y defectos. Los equipamientos no deben parar. Mantenimiento para máxima confiabilidad y disponibilidad. El mantenimiento debe ser auditado.

③ Los instrumentos de medida deben ser aferidos periódicamente. Esta aferición debe ser auditada.

④ Las condiciones ambientales deben ser especificadas: polvo, temperatura, humedad, etc.

⑤ Las personas deben estar entrenadas y esta capacitación debe ser auditada.

⑥ Los procedimientos deben estar estandarizados y el trabajo debe estar conforme los estándares.

⑦ El producto debe atender a las especificaciones dentro de la máxima confiabilidad económicamente viable. Los procedimientos de inspección deben ser auditados.

El flujograma detallado del proceso es pieza fundamental para la garantía de la calidad.

Producto

Materias Primas   Equipamientos   Informaciones

Condiciones Ambientales   Personas   Procedimientos

11.1 ¿Qué es confiabilidad?

A. Un producto NUNCA es perfecto.

B. Por mejores que sean las condiciones de trabajo, SIEMPRE habrá una parte de la producción que no va alcanzar los requisitos.

C. Del punto de vista de la Estadística, el DEFECTO CERO es imposible. Podemos aproximarnos de él y, cuando alcanzamos no-conformidades de la orden de partes por millón o partes por mil millones, podemos decir que, prácticamente, alcanzamos el defecto cero.

D. Considerando que el proyecto del producto haya sido PERFECTO, la confiabilidad será mayor cuanto menor sea la no-conformidad.

Y. Por tanto, cuanto menor la dispersión de los resultados de inspección, mayor será la confiabilidad (vea Figura 11.2 (A)).

F. Un producto final tiene muchas especificaciones. Para se alcanzar tales especificaciones finales, existen especificaciones intermedias. Por ejemplo: para alcanzarse una cierta dureza del acero, se debe tratarlo térmicamente, en una cierta temperatura, por un cierto tiempo.

G. Dispersiones en la temperatura o en el tiempo causan dispersión en la dureza (vea Figura 11.2 (B)).

H. Reduciéndose la dispersión intermedia, se reduce la dispersión final y se aumenta la confiabilidad del producto.

I. Un producto de alta confiabilidad es aquel que tiene una baja probabilidad de contener imperfecciones.

11.2 Cómo contribuir para la garantía de la calidad

A. Reduciendo la dispersión.

B. Dispersión genera problemas, defectos.

C. La dispersión es enemiga de la calidad.

D. Podemos reducir la dispersión declarando "alta dispersión" como problema y utilizando el PDCA. Montaremos entonces un "Plan de Acción" para reducir la dispersión

E. Utilice como criterio de priorización la "evaluación de proceso" mostrada en la Figura 10.4.

F. La Meta es Cpk superior a 1,33.

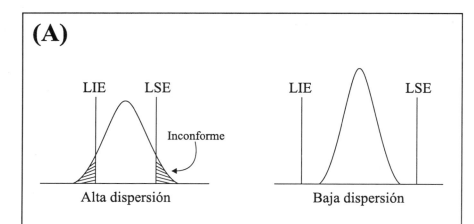

(A)

Alta dispersión

Baja dispersión

LIE = Límite Inferior de Especificación

LSE = Límite Superior de Especificación

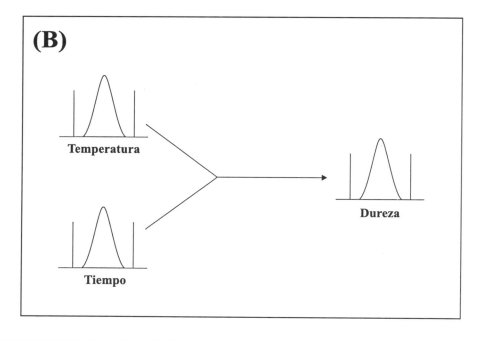

(B)

Temperatura

Tiempo

Dureza

Figura 11.2: Conceptos de Dispersión.

11.3 Cuál es el papel de los mecanismos "fool-proof"?

A. Vimos que los Operadores "garantizan la calidad" cumpliendo los procedimientos operacionales estándar.

B. Sin embargo nosotros, seres humanos, podemos errar: distracción, olvido, cansancio, etc., y esto podrá reflejarse en pérdidas de toda naturaleza.

C. Cuando el Operador está entrenado, conoce bien la operación y aun así comete errores que pueden causar prejudicios, debe ser solicitado al área de ingeniería el proyecto de mecanismo *fool-proof* (vea Figuras 5.3 y 5.4).

D. Estos mecanismos, que pueden ser mecánicos o electrónicos, son hechos para IMPEDIR las consecuencias del error humano.

E. Por ejemplo: si un avión está aun en el suelo y el piloto, distraídamente, accionar el interruptor que levanta el tren de aterrizaje, nada pasará. Existe, en este caso, un mecanismo *fool-proof*, que desliga el interruptor mientras el peso del avión esté sobre el tren de aterrizaje y no sobre las alas.

F. Los mecanismos *fool-proof* se hacen cada vez más importantes cuanto más mecanizados se convierten los procesos.

11.4 Cómo se relacionar con el "departamento de garantía de la calidad"

A. La Directoria de la empresa es responsable junto al cliente por la calidad del producto.

B. Por tanto, ella precisa certificarse de que su proceso (que es toda la empresa) está trabajando conforme las especificaciones.

C. Como los Directores no disponen del tiempo para esta certificación, ellos nombran una función ("Departamento de Garantía de la Calidad"), que diagnostica la empresa y sus proveedores en su nombre.

D. Así, cuando el personal del Departamento de Garantía de la Calidad visitar su departamento, recíbalos bien y procure conocer sus no-conformidades, de tal forma que usted pueda tomar las acciones correctivas sobre su proceso. ¡Agradézcales por ayudarlo a localizar sus problemas (vea Figura 11.5)!

Y. La Figura 11.3 muestra la relación entre las varias funciones de la Garantía de la Calidad y la Figura 11.4 muestra un formato detallado del PDCA ilustrado en la Figura 11.3. La Figura 11.5 presenta un ejemplo de Informe de Auditoria de Procedimiento Operacional Estándar.

F. Este libro trata de la Rutina de la Gestión de cualquier función mostrada en la Figura 11.3. Así, podremos tener la Gestión de la Rutina del Trabajo del Cotidiano de la División de proyectos, de Fabricación, de Inspección, etc.

11.5 Tópicos para reflexión por los "Grupos de Cumbuca"

A. Es importante discutir el concepto de garantía de la calidad. ¿Qué significa? ¿Quién garantiza qué, para quién?

B. ¿Por qué es importante reducir las variaciones (dispersión)?

C. La Figura 11.1 debe ser bien discutida. Tal vez uno de los miembros del grupo se dispusiese a analizar uno de sus procesos y comparar con la Figura.

D. ¿Cómo es posible reducir la dispersión?

E. Discutan el significado de los mecanismos *fool-proof*.

F. ¿Existe un "departamento de garantía de la calidad" en su empresa? Comparen sus funciones con aquellas mostradas en las Figuras 11.1 y 11.4.

G. ¿Cómo son proyectados los productos (externos) de su empresa? ¿Y los productos internos (inclusive los administrativos)? ¿Y los procesos decurrentes?

H. ¿Cómo son "tratados" los proveedores? ¿Existe la "visión holística" de que ellos hacen parte de su empresa?

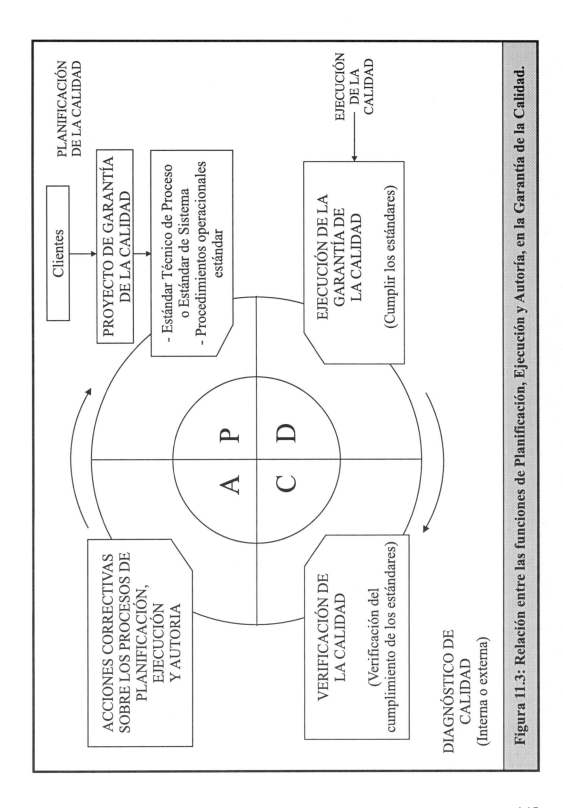

Figura 11.3: Relación entre las funciones de Planificación, Ejecución y Autoría, en la Garantía de la Calidad.

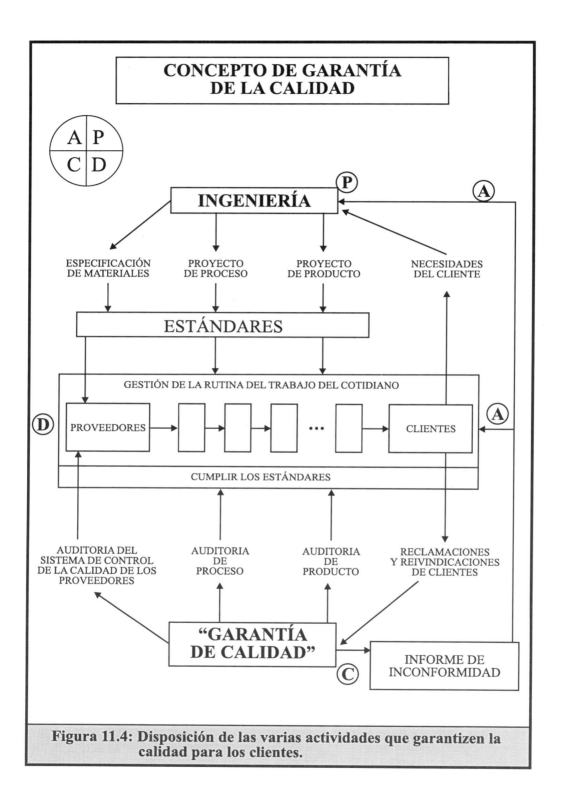

Figura 11.4: Disposición de las varias actividades que garantizen la calidad para los clientes.

COMPAÑÍA B	AUDITORIA INTERNA DE PROCEDIMIENTO OPERACIONAL ESTÁNDAR (P.O.E)

AUDITOR	GERALDO ROSÁRIO	LOCAL: PLATAFORMA DEL HORNO OLLA
AUDITADO	GERALDO FIDÉLIS	FECHA: 16/03/93 AUDITORIA Nº 32
CARGO	FORNEIRO	P.O.P.: COLOCAR OLLA EN LA CUNA BASCULAR

CUESTIONARIO:

1 - ¿ESTÁ EL P.O.E. EN EL ÁREA? (x) SÍ ( ) NO
2 - ¿EL P.O.E. POSEE ALGUNA LISTA DE VERIFICACIÓN PARA UNA RÁPIDA CONSULTA? (x) SÍ ( ) NO
3 - ¿EL OPERACIONAL POSEE RÁPIDO ACCESO AL P.O.E. PARA CONSULTA? (x) SÍ ( ) NO
4 - ¿EL P.O.E. ESTÁ EN SU ÚLTIMA REVISIÓN EN EL LOCAL DE TRABAJO? (x) SÍ ( ) NO
5 - ¿LOS ÍTENS REVISADOS ESTÁN CLAROS PARA EL OPERACIONAL? (x) SÍ ( ) NO
6 - ¿LAS CONDICIONES SOLICITADAS EN EL P.O.E. ESTÁN BIEN ATENDIDAS CUANTO A:
    6.1 - MÁQUINA, EQUIPAMIENTO? (x) SÍ ( ) NO
    6.2 - CONDICIONES DEL ÁREA? (x) SÍ ( ) NO
    6.3 - SEGURIDAD? (x) SÍ ( ) NO
    6.4 - MATÉRIA PRIMA? ( ) SÍ ( ) NO
    6.5 - OTROS (_____)? ( ) SÍ ( ) NO

7 - DE ACUERDO CON EL P.O.E, ¿LOS PRINCIPALES ÍTEMS ESTÁN SIENDO CUMPLIDOS CUANTO A:
    7.1 - LOCAL P/ SINALIZACIÓN? ( ) SÍ (x) NO 7.6 - _____ ( ) SÍ ( ) NO
    7.2 - USO DE EPIS? _____ (x) SÍ (x) NO 7.7 - _____ ( ) SÍ ( ) NO
    7.3 - _____ ( ) SÍ (x) NO 7.8 - _____ ( ) SÍ ( ) NO
    7.4 - _____ ( ) SÍ (x) NO 7.9 - _____ ( ) SÍ ( ) NO
    7.5 - _____ ( ) SÍ (x) NO 7.10 - _____ ( ) SÍ ( ) NO

CASO NO ESTÉ SIENDO CUMPLIDO EL ÍTEM ESTABLECIDO, POR QUÊ?

_____
_____
_____

¿CUÁL OPCIÓN SUGERIDA POR EL OPERACIONAL?

_____
_____
_____

8 - ¿EL P.O.E. ESTABLECE ACCIÓN CORRECTIVA CUÁNDO EL ÍTEM NO ES ATENDIDO? (x) SÍ ( ) NO
9 - ¿LA JEFATURA O SUPERVISIÓN ES INFORMADA DE LA ACCIÓN CORRECTIVA? (x) SÍ ( ) NO
10 - ¿EL OPERACIONAL NECESITA DE NUEVO ENTRENAMIENTO? ( ) SÍ ( ) NO
11 - CONDICIONES GENERALES PARA EJECUCIÓN DEL P.O.E. EN FUNCIÓN DE LA AUDITORÍA REALIZADA

      ( ) MALAS ( ) MEDIAS (x) BUENAS

12 - ¿EL P.O.E. NECESITA REVISIÓN? (x) SÍ ( ) NO

    POR QUÉ? _____
_____
_____
_____

OBSERVACIONES: _____
_____
_____
_____

Figura 11.5: Ejemplo de informe de Auditoria de Procedimiento Operacional Estándar.

CAPÍTULO 12

Cómo Gestionar para Mejorar sus Resultados y Alinear sus Metas con las Metas de la Directoria

No existe gestión sin meta. Gestionar es establecer metas y tener un PLAN DE ACCIÓN para alcanzarlas. Quien no tiene meta es todo, menos un Gerente.

12.1 ¿De dónde vienen las metas?

A. Toda acción gerencial es conducida para alcanzarse una META.

B. Ahora cabe la pregunta: ¿de dónde vienen las metas? ¿Vienen del Director? ¿Vienen del Jefe? ¿El Gerente es que debe establecerlas?

C. No. Las metas vienen del mercado, es decir, vienen de las PERSONAS.

D. Las personas desean, antes de más nada, un producto consistente. Por ejemplo: un café siempre con el mismo paladar, un clavo siempre con las mismas dimensiones y la misma resistencia, etc. Esto da origen a las metas estándar.

E. Metas estándar son metas que deben ser mantenidas variando muy poco alrededor de su valor.

F. Por otro lado, las personas (mercado) siempre desean un producto cada vez mejor, a un costo cada vez más bajo, con una entrega cada vez más precisa (local cierto, tiempo cierto, cantidad cierta). Esto da origen a las metas de mejoría.

G. Metas de mejoría son metas que deben ser alcanzadas.

H. Por tanto, la SUPERVIVENCIA de su empresa es decidida por las PERSONAS, allá, en las estanterías de los negocios.

149

I. Si los competentes sean capaces de colocar en las estanterías un producto de mejor calidad a un precio más bajo, su empresa no vende. ¡NO SIRVE DAR EXPLICACIONES!

J. Si usted quiera vender, es decir, asegurar la SUPERVIVENCIA de su empresa, establezca metas de calidad del producto, metas de costo, metas de plazo de entrega, etc., para suplantar la competencia en la preferencia de las personas.

K. Sus metas deben tener como ORIGEN las necesidades de la empresa para mantenerse viva. ESTAS METAS TIENEN QUE SER ALCANZADAS, SI LA EMPRESA DESEA SOBREVIVIR.

12.2 Cómo "recibir" las metas

A. El método de "Gestión por las Directrices" tiene como objetivo desdoblar las "metas de supervivencia" de la empresa, de tal forma que cada jefe sepa perfectamente cual deberá ser su contribución, expresa en sus metas.

B. Este desdoblamiento hace que las metas del Presidente, que representan las necesidades de la empresa para mantenerse viva, lleguen hasta el Gerente, tal como muestra la Figura 12.1.

C. Dentro del método de "Gestión por las Directrices" se incluye el "Desdoblamiento de la Calidad", que visa traer para la empresa, bajo la forma de metas, las necesidades de los clientes.

D. En el primer nivel gerencial o Unidad Gerencial Básica, las metas anuales de mejoría se transforman en el Plan de Acción Anual, al que sean definidos los proyectos necesarios para alcanzarse estas metas. Un modelo básico de este Plan Anual es mostrado en la Figura 12.2.

E. ¿Cómo montar este PLAN DE ACCIÓN ANUAL (Figura 12.2)?

F. Para que se pueda montar un buen plan de acción anual, es necesario que el Gerente tenga todos sus ítems de control analizados.

G. La Figura 5.5, por ejemplo, muestra el ítem de control "Pérdidas de Producción" y el Análisis de Pareto de estas pérdidas.

H. Hecho este análisis, se hace fácil definir los proyectos a ser atacados, para que la meta pueda ser alcanzada.

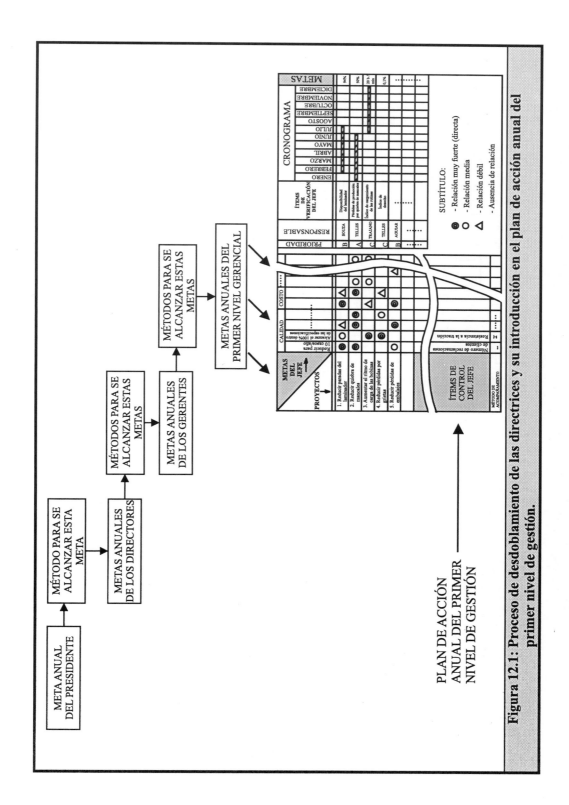

Figura 12.1: Proceso de desdoblamiento de las directrices y su introducción en el plan de acción anual del primer nivel de gestión.

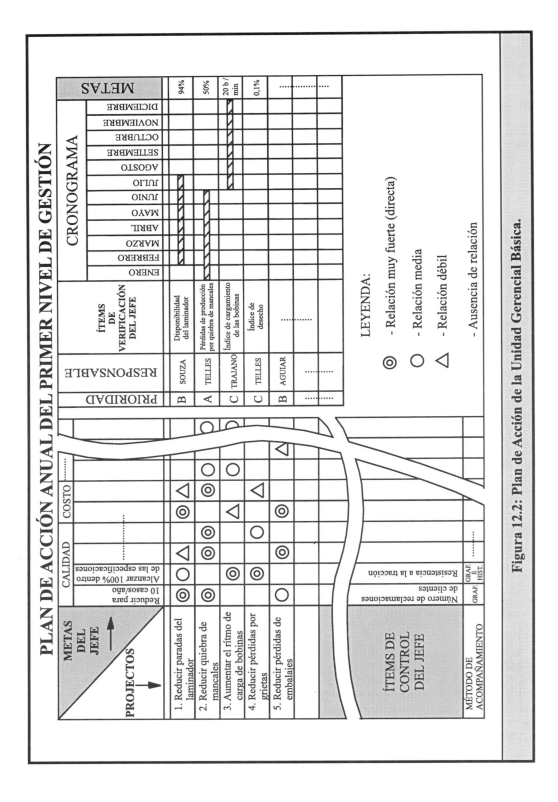

Figura 12.2: Plan de Acción de la Unidad Gerencial Básica.

I. Por ejemplo, en el caso de la Figura 5.5 la meta es "reducir las pérdidas para 380 t/día hasta diciembre de 1994". Observando el Análisis de Pareto, los proyectos a ser atacados serían:

1. "Pérdidas por quiebra del laminador causadas por defecto en el tornillo guía".

2. "Pérdidas por desecho debidas a grieta".

3. "Exceso de tiempo en el cambio de cilindros".

4. "Pérdidas por paradas intermitentes debidas a quiebra de la guía".

5. "Pérdidas en las líneas de rollos debidas a la quema de motores, etc.".

J. Definidos los proyectos, se monta el plan, tal como mostrado en la Figura 12.2.

K. Las metas estándar son recibidas por medio del sistema de estandarización.

12.3   *Cómo alcanzar las metas*

A. Las metas establecidas por la Alta Dirección son aquellas necesarias para que la empresa pueda alcanzar sus "cuatro objetivos":

1. Colocar en el mercado un producto con mejor calidad y de forma más económica que el competente.

2. Remunerar el accionista de forma competitiva con el mercado financiero, garantizando así los recursos necesarios al crecimiento de la empresa y a la generación de nuevas riquezas.

3. Pagar un salario competitivo y propiciar buenas condiciones de trabajo, de tal forma que la empresa consiga retener sus empleados.

4. No comprometer el ambiente. Respetar la Sociedad.

B. Esto significa que las metas colocadas por la alta dirección son aquellas necesarias a la SUPERVIVENCIA de la empresa.

C. Por tanto, las metas provenientes de la alta dirección TIENEN QUE SER ALCANZADAS. No existen otras opciones para la empresa. Ellas tienen que ser alcanzadas, sea por mejorías sucesivas del mismo proceso, sea por el proyecto de un nuevo proceso con la introducción de nuevas tecnologías.

D. Cada meta de mejoría genera un "problema" (uno o más proyectos en el plan anual).

E. Para se alcanzar las <u>metas de mejoría</u>, utilizamos el método PDCA, que es un método de control de procesos, es decir, un "método de se alcanzar metas", o aun, un "<u>Método de Análisis y Solución de Problemas</u>".

F. Existen dos maneras de alcanzarse las metas de mejoría utilizándose el PDCA (vea Anexo A):

    1. Proyectándose un nuevo proceso para alcanzarse la meta deseada o haciéndose modificaciones substanciales en los procesos existentes. Este caso generalmente conduce a grandes avances, bien como a nuevas inversiones (*KAIKAKU*).

    2. Haciéndose sucesivas modificaciones en los procesos existentes. Este caso generalmente conduce a ganancias sucesivas obtenidas sin inversión (*KAIZEN*).

G. Cada proyecto del "Plan de Acción Anual" (Figura 12.2) tiene su propia meta. Cada una de estas metas genera un <u>plan de acción</u>, como mostrado en la Tabla 3.2. Todo este conjunto de acciones de desdoblamiento es mostrado en la Figura 12.3.

H. Para alcanzarse la meta, es posible que sean necesarios varios intentos. Cada intento es una <u>rueda del PDCA</u>.

I. Cada <u>rueda del PDCA</u> corresponde a un nuevo <u>plan de acción</u>.

J. Cada <u>rueda del PDCA</u> puede tener duración diferente, dependiendo de la <u>profundidad y extensión del análisis necesario</u> para establecerse un <u>plan de acción</u>.

K. En cada <u>rueda del PDCA</u> se puede llegar más cerca de la meta. El problema solo estará resuelto cuando la meta sea alcanzada.

L. Todo este esfuerzo para alcanzarse la meta debe tener un acompañamiento gerencial, hecho de forma organizada, por medio de los "<u>Informes de las Tres Generaciones</u>".

M. Las <u>metas estándar</u> deben ser mantenidas utilizándose el PDCA, como mostrado en la Figura A.2 del Anexo A y en la Figura 10.5. Estas dos Figuras son maneras diferentes de representar la misma cosa: <u>qué hacer para mantener el resultado deseado</u>.

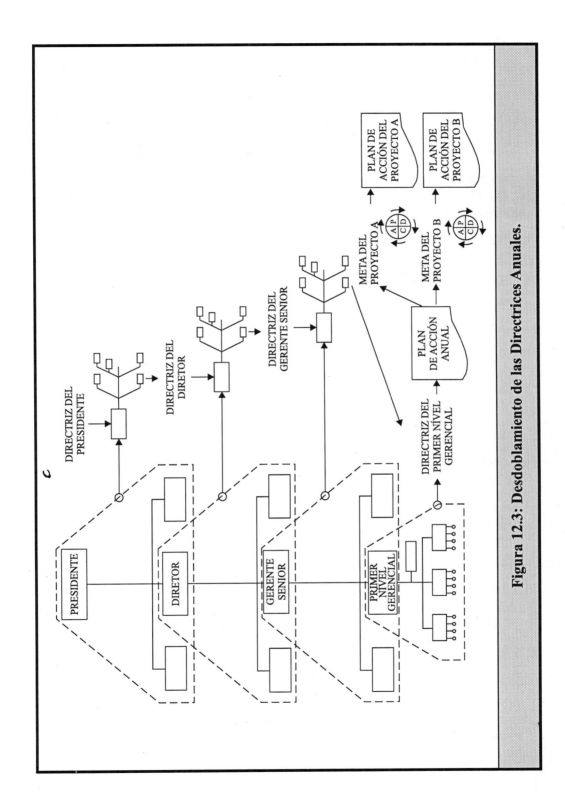

Figura 12.3: Desdoblamiento de las Directrices Anuales.

N. Al gestionar para <u>mantener</u> una <u>meta estándar</u>, tenga siempre en mente que el objetivo es tener un Cpk superior a 1,33. Cualquier Cpk inferior a éste debe ser tratado como un problema, usándose el PDCA, como mostrado en el Anexo E.

O. Las <u>metas estándar</u> deben estar listadas en las <u>especificaciones de los productos</u> y en los <u>estándares técnicos de proceso</u> y <u>estándares de sistema</u>.

12.4 *Tópicos para reflexión por los "Grupos de Cumbuca"*

A. Discutan <u>cuántas</u> metas cada uno tiene y de <u>dónde</u> y <u>cómo</u> vinieron estas metas. Sean críticos, pues queremos mejorar.

B. Sugieran entre si maneras de mejorar la colocación de las metas de la empresa.

C. Cambien ejemplos de <u>metas estándar</u> y <u>metas de mejoría</u>.

D. Discutan al agotamiento las Figuras 12.1 y 12.2. Cómo montar un PLAN DE ACCIÓN ANUAL para el primer nivel gerencial. ¿Está claro que este PLAN es solo para <u>metas de mejoría</u>?

E. ¿Los miembros del "grupo de cumbuca" reciben sus <u>metas estándar</u> por medio del sistema de estandarización?

F. Solicito a los participantes discutieran bien el ítem 12.3-A, en el tocante a los "cuatro objetivos" de la empresa.

G. ¿Está claro para todos que las metas provenientes del mercado, por medio del "sistema de estandarización" (establecido por el "Desdoblamiento de la Función Calidad") y de la Gestión por las Directrices", <u>tienen que ser alcanzadas</u>?

H. Discutan la Figura A.5 del Anexo A relacionada con las metas estándar y con las metas de mejoría. Discutan los conceptos de *KAIZEN* y *KAIKAKU*.

I. Discutan la interrelación entre PLAN DE ACCIÓN (del proyecto) y PLAN DE ACCIÓN ANUAL.

J. Discutan cómo el "Informe de las Tres Generaciones" se relaciona con el PLAN DE ACCIÓN del proyecto y como éstos se relacionan con las metas.

K. ¿El Grupo sabe qué es Cpk? ¿Entendieron <u>por qué</u> el Cpk debe ser superior a 1,33?

CAPÍTULO 13

Cómo Utilizar Mejor lo Potencial Humano

13.1 Cómo utilizar la inteligencia de todo su equipo

A. Usted debe tener como meta hacer <u>todo su equipo capaz de girar el PDCA</u> (como mostrado en el Anexo A). De esta manera usted lo transformará en un verdadero "hormiguero" para producir resultados.

B. Dentro de una Unidad Gerencial Básica (vea Figura 13.1) existen tres maneras de utilizarse el PDCA para mejorar resultados (metas de mejoría):

1. En la solución de los Problemas decurrentes de las metas de la alta administración y de la propia gerencia;

2. En los Círculos de Control de la Calidad;

3. En el Sistema de Sugerencias.

C. Mejorar resultados es resolver problemas. <u>El responsable por la solución de los problemas es el Gerente de la Unidad Gerencial Básica</u>, pudiendo incluir su *staff* y el Supervisor como miembros del equipo.

D. Bajo este aspecto, vale repetir: TODOS NOSOTROS, LATINOS, TENEMOS QUE CONVERTIRNOS EN EXIMIOS SOLUCIONADORES DE PROBLEMAS (vea Anexo E).

E. Una otra manera de utilizarse el PDCA es en los <u>Círculos de Control de la Calidad</u> (CCQ). El CCQ es muy importante para su empresa y para el País.

F. Los CCQs son constituidos por grupos de Operadores que trabajan en la misma Unidad Gerencial Básica y comiencen resolviendo pequeños problemas del área de trabajo.

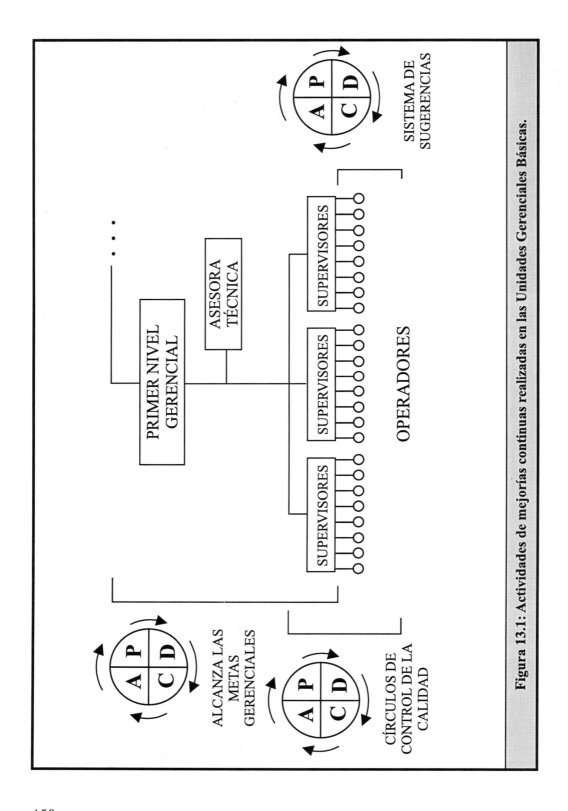

Figura 13.1: Actividades de mejorías continuas realizadas en las Unidades Gerenciales Básicas.

G. Con el tiempo, después que las personas ganan experiencia con el CCQ, los problemas resueltos podrán ser aquellos advenidos de la alta dirección o de la gerencia de la Unidad Gerencial Básica.

H. El País tendrá grandes frutos con el CCQ cuando pueda tener todos sus Operadores con curso secundario completo.

I. Cuando una persona tiene el secundario completo y aprende el método PDCA en la práctica, ella "se convierte en un ingeniero".

J. Nosotros, latinos, precisamos pensar en estas cosas y, como ciudadanos, luchar por la buena educación en nuestro País. El País precisa tener como meta GARANTIZAR EL GRADO SECUNDARIO COMPLETO PARA TODOS.

K. Finalmente, el PDCA también podrá ser utilizado en el Sistema de Sugerencias.

L. El Sistema de Sugerencias en el estilo japonés es diferente del estilo occidental, en los siguientes puntos:

1. Existe un sistema solo para Operadores.

2. La sugerencia, cuando ocurre espontáneamente, debe ser provocada por el Supervisor, que para esto debe ser preparado.

3. La implementación de la sugerencia es juzgada por el Gerente de la Unidad Gerencial Básica (o *staff*) bajo recomendación del Supervisor (por tanto a respuesta es rápida y case siempre la implementación es hecha).

Procure conocer Sistemas de Sugerencias en el Instituto de Desenvolvimento Gerencial.

M. Un sistema de sugerencias debe comenzar bien simple, visando a la cantidad de sugerencias.

N. Con el tiempo, se objetiva la calidad de las sugerencias. En esta práctica, ¡una "sugerencia" es siempre una contramedida sobre la causa de un problema!

O. Finalmente les solicito reflexionar sobre lo siguiente:

"El PDCA es el método de trabajo que lleva las personas a asumir responsabilidades, a pensar, a desear el desconocido (nuevas metas) y, por tanto, a tener voluntad de aprender nuevos conocimientos".

P. De este regalo a su personal. Aprenda a trabajar con el PDCA y entonces enseñe a ellos.

Q. Aprender el PDCA exige esfuerzo. Mucha gente piensa que conoce el PDCA pero, en la verdad, aun tiene una larga caminada por adelante.

R. Cuanto más "capaz" sea su equipo en utilizar el método PDCA, tanto mayor será su contribución a la competitividad de la empresa por su capacidad de alcanzar metas.

13.2 Usted sabía que es un gerente de recursos humanos

A. La administración como propuesta por Taylor[9] predicaba la gestión por especialistas: la responsabilidad por la calidad era del Departamento de Control de la Calidad, la responsabilidad por los recursos humanos era del Departamento de Recursos Humanos y así por adelante.

B. Uno de los cambios en la gestión es que el jefe es Presidente de su Unidad. Él es responsable por todo que viene de su área gerencial (proceso).

C. De esta manera, usted es responsable por la motivación y por el crecimiento de su equipo.

D. Una de las precondiciones para el aprendizaje es la motivación. Si su colaborador inmediato no esté motivado para aprender, no existirá crecimiento del ser humano.

E. Dentro de la empresa, el crecimiento del ser humano tiene como objetivo aumentar el valor agregado en el trabajo del individuo.

F. Si usted quiera motivación (o "estado de salud mental") para su equipo, entonces usted tiene que establecer un ítem de control sobre el tema, establecer metas y gestionar.

G. El ítem de control de la motivación es el MORAL. Usted puede medir el moral de su equipo midiendo el *turn-over* de personal, el absentismo, el índice de procura al puesto médico, el índice de causas laborales, el número de sugerencias, etc.

H. Acompañe el resultado de todo ello con sus ítems de control del moral.

I. Se sabe que la motivación la salud mental (moral) es afectada por cinco precondiciones[10] mostradas en la Figura 13.2:

1. **fisiológicas**: ➜condiciones de supervivencia, salario. Procure defender un salario cada vez más grande para su equipo, que refleje el valor agregado por cada uno. Queremos crecer y ser ricos. El camino es la productividad. Tenemos de producir más, mejor y al menor costo y distribuir. Distribuir significa pagar mejores salarios.

2. **seguridad**: ➜seguridad en el hogar, en la comunidad y en el empleo. Procure trabajar con el mínimo de personas en el cuadro, reduciendo las necesidades de trabajo cada vez más. Pero mantenga su equipo entero. No despida a nadie. Promueva condiciones de seguridad física en la empresa y en la comunidad. Cree condiciones para que ella se sienta segura. Esto es fundamental. No es condición suficiente, pero es necesaria para la motivación o "salud mental" de las personas.

3. **sociales**:➜necesidad de proximidad, de ser reconocido por otras personas, amistad. Promueva el trabajo en grupo bajo todas las formas. Promueva actividades de grupos de personas. En su área de trabajo, promueva el "5S", el "CCQ" y el "Sistema de Sugerencias".

4. **estima**:➜necesidad de ser reconocido por otros. Promueva eventos en donde las personas puedan mostrar sus realizaciones. Coloque en cuadro de aviso noticias sobre el hecho de las personas. Elogie. Promueva el CCQ.

5. **auto realización**:➜Verifique si las personas de su equipo están haciendo lo que les gusta. Promueva la educación y el entrenamiento continuo de su equipo, convirtiéndolos en seres humanos cada vez más completos. Promueva el autoaprendizaje y el mutuo aprendizaje.

J. Pida ayuda al personal de Recursos Humanos y monte un Plan de Educación y Entrenamiento para su equipo.

K. Usted precisa desarrollarlos en:

1. Conocimientos operacionales (basados en estándares).

2. Conocimientos gerenciales (métodos y herramientas).

3. Conocimientos de las tecnologías necesarias a su gerencia.

¡Manos a la obra!

L. Es necesario que haya amistad, incluso en nivel familiar, entre jefe y colaborador inmediato, especialmente entre Supervisores y Operadores.

NECESIDADES HUMANAS

NECESIDADES BÁSICAS DEL HOMBRE

AUTO-REALIZACIÓN
Realización de su propio potencial.
Auto-desarrollo, criatividad,
auto-expresión.

EGO O ESTIMA
Auto confianza, independencia,
reputación, etc.

SOCIALES
Sentimientos de aceptación, amistad,
asociación, sentimiento de hacer
parte del grupo.

SEGURIDAD
Protección para usted y la familia
Estabilidad en el hogar y en el empleo

PSICOLÓGICAS
Sobrevivir, alimentación,
ropa y techo

CRESCIMENTO DEL SER HUMANO

SIMULTANIEDADE DE LAS NECESIDADES

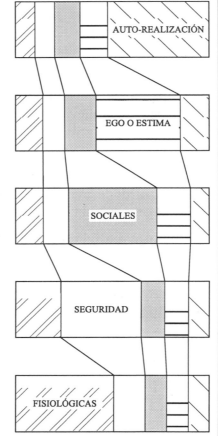

AUTO-REALIZACIÓN

EGO O ESTIMA

SOCIALES

SEGURIDAD

FISIOLÓGICAS

Figura 13.2: Necesidades básicas humanas que son pre requisitos a la motivación.

A. La Figura 13.1 debe dar una buena charla.

   1. ¿Cómo deben ser conducidos los proyectos de mejoría (vea también Figura 12.2)?

   2. ¿Cómo deben ser conducidos los Grupos de CCQ?

   3. ¿Cómo debe ser conducido un Sistema de Sugerencias?

B. ¿Todos están conscientes de que estos sistemas usan el PDCA y, por tanto, llevan las personas a PENSAR?

C. ¿Da para sentir el papel importante del conocimiento? ¿El que ustedes proponen para mejorar las "existencias" de conocimiento de su empresa?

D. Hagan fotocopia de la Tabla 1.1 y de las Figuras A.2, A.3, A.4 y A.5. Tomen una hoja de *flip-chart* y hagan un montaje, pegando las figuras en el *flip-chart* y haciendo una correlación entre ellas. Discutan bien sobre ello. Usen un plumón colorido para mostrar la correlación.

E. El grupo debe discutir sus ítems de control de moral. Listen en un *flip-chart* estos ítems. ¿Cuáles sus resultados actuales? ¿Ustedes conocen? ¿Cuáles sus metas?

F. ¿Cómo montar un plan de acción para alcanzar las metas de moral? ¿Sería éste un plan de acción para conseguir la satisfacción de su equipo? ¿Sería un plan de acción para elevar la motivación?

G. En este caso, ¿ustedes se sienten Gerentes de sus recursos humanos?

H. Sugiero al grupo discutir cada una de las cinco necesidades básicas. ¿Ustedes entendieron que ellas son causas de la motivación (moral)?

I. Tomen el *flip-chart* y listen algunas iniciativas para mejorar la motivación de las personas en su gestión (o su negocio).

J. ¿Cuáles son los tipos de conocimientos necesarios a su equipo? Sugiero al grupo montar un diagrama de árbol que pueda, en el futuro, generar un plan de educación y entrenamiento para su equipo. En otras palabras: desdoblen la función conocimiento.

K. ¿Cómo está la situación de AMISTAD jefe/subordinado en el área de trabajo de cada miembro del grupo?

Cuarta Fase:

"Caminando para el Futuro"

CAPÍTULO 14

Caminando para el Futuro

A. A la medida que caminamos para el futuro, la economía estará cada vez más <u>internacionalizada</u>.

B. Cada empresa estará cada vez más disputando el "certamen del mundo" y la <u>competencia será cada vez más efectiva</u>.

C. La <u>carrera por la productividad</u> será cada vez mayor, con dos énfasis:

  1. operaciones centradas en el CLIENTE.

  2. reducción feroz de COSTOS.

D. Esto implica la utilización del <u>pensamiento humano</u> de forma cada vez más intensa, al revés del simple trabajo brazal.

E. Se pide, pues, su atención para tres puntos:

  1. gestione visando una <u>Meta Base Cero</u>.

  2. gestione para que su local de trabajo esté <u>centrado en las personas</u>.

  3. gestione con un ojo en las "<u>mejorías sucesivas</u>" y otro en las "<u>mejorías drásticas</u>".

14.1 Meta base cero

A. <u>Los resultados del pasado no sirven para el futuro.</u> Ellos levarán su empresa a la quiebra en el futuro, por más brillante que haya sido su pasado.

B. Tenemos que objetivar, buscar, <u>perseguir las "metas absolutas"</u>. Por ejemplo: queremos cero defectos en el producto final, cero accidente en el trabajo, cero quiebras de equipamiento, cero existencias, cero retrabajo, etc.

C. Bajo este aspecto es importante el <u>concepto de las Tres Fuentes de Pérdidas</u>, como mostrado en la Figura 14.1:

    1. Derroche;

    2. Inconsistencia;

    3. Insuficiencia.

D. <u>Derroche</u> es cualquier cosa que no le ayuda a alcanzar su objetivo, que es SATISFACER LAS NECESIDADES DEL CLIENTE.

E. Por ejemplo, si su producto presenta alguna "característica no apreciada por el cliente" se tiene <u>derroche</u>, porque usted gastó recursos para incorporar esta característica y el cliente no atribuyó VALOR a ella (por tanto no agrega facturación). Estos son los peores derroches.

F. Un ejemplo de "característica no apreciada por el cliente" es usted gastar para entrenar una persona en cosas de que ella no precisa, que nunca irá utilizar, o entonces hacer un informe ¡que nadie lee!

G. Otros ejemplos de <u>derroche</u>: hacer levantar pesos de 5 toneladas con grúa de 100 toneladas (equipamiento); usar materia prima de primera, cuando el proceso admite cosa más barata (materia prima); medir algo cuya información es innecesaria (información); trabajo o movimiento que no agrega valor (personas), etc.

H. <u>Insuficiencia</u> es el opuesto del derroche, es decir, procurar alcanzar una meta con recursos inadecuados. Por ejemplo: levantar 100 toneladas con una grúa de 5 toneladas, fabricar productos de primera con materia prima defectuosa, etc.

I. <u>Inconsistencia</u> significa falta de uniformidad y se refiere a una situación que esconde el derroche y la insuficiencia. ¡Está cada hora de un modo!

J. Las variaciones muestran la <u>Inconsistencia</u>. Toda y cualquier dispersión en cualquier ítem de control es derroche. Es por ello, entre otras cosas, que se objetiva siempre Cpk superior a 2,0 en una empresa clasificada como "Clase Mundial" (*World Class*).

K. Donde existen variaciones (inconsistencia) existen <u>oportunidades de ganancia</u>.

L. Pase a mirar su área con estos conceptos en mente. Vea todo con "nuevos ojos", pues el que ayer era considerado "buen trabajo" puede ser considerado una <u>pérdida</u> mañana. La Tabla 14.1 muestra un ejemplo de un *check list* de como su proceso debería ser visto.

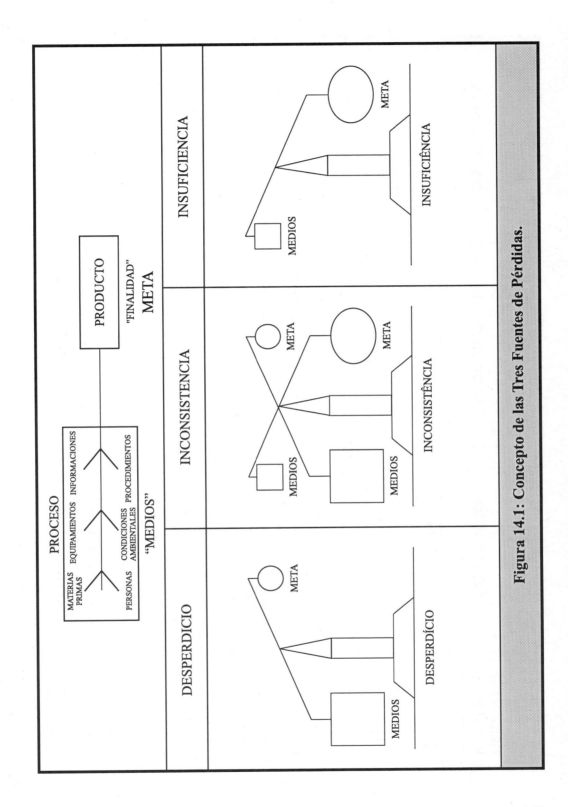

Figura 14.1: Concepto de las Tres Fuentes de Pérdidas.

Tabla 14.1: Técnica de las Tres Fuentes de Pérdidas.

ORIGEN DE PROBLEMA	DESPERDICIO	INCONSISTENCIA	INSUFICIENCIA
RECURSOS HUMANOS	- ¿Existe trabajo que no agrega valor? - ¿Existe desperdicio de movimiento? - ¿Existe desperdicio debido a la mala planificación? - ¿Las herramientas cercas, están en el local cierto en la hora cierta?	- ¿Existen áreas donde las personas están exhaustas, o otras donde no hay nada a hacer? - ¿Existe una buena mezcla de personas expertos con inexpertos? - ¿Las personas están muy ocupadas en ciertas horas y sin nada para hacer en otras?	- ¿Existe gente suficiente para enfrentar la carga de trabajo? - ¿Existe algún trabajo que puede ser hecho por maquinas y esta siendo hecho manualmente? - ¿Hay personas que al final del trabajo se quedan cansadas?
MATERIAS PRIMAS	- ¿Los rendimientos son bajos? - ¿Materias primas caras están siendo usadas donde otras más baratas podrían ser aprovechadas? - ¿El índice de rechazo es elevado? - ¿Existe pérdida de la energía? - ¿Existe pérdida debido al proyecto del proceso? - ¿Existe prevención de corrosión?	- ¿Los materiales son de calidad uniforme? - ¿Existen irregularidades en las propiedades de los materiales? - ¿Los productos tienen acabamiento desigual?	- ¿La resistencia es suficiente para garantizar la seguridad? - ¿Existe alguna insuficiencia debido al proyecto? - ¿Existe alguna insuficiencia en ítem debido a los proveedores?
EQUIPAMIENTOS	- ¿Los equipamientos están siendo sub-utilizados? - ¿Existe perjuicio debido a lay-out inadecuado? - ¿Existe algún equipamiento parado? - ¿Los equipamientos y herramientas están siendo bien utilizados?	- ¿Las capacidades de producción de los diversos equipamientos están bien alcanzadas? - ¿Existe equipamientos siendo utilizado de forma razonable o con perjuicio?	- ¿La vida de las máquinas está siendo perjudicada por ellas estar siendo usadas encima de su capacidad? - ¿Existe la utilización de equipamientos de baja precisión para tareas de alta precisión? - ¿Los equipamientos están siendo suficientemente supervisados?

PROCESO

M. Lo que hay de más importante en el área gerencial en este nuevo mundo es MEDIR Y ELIMINAR TODO TIPO DE DERROCHE, INCONSISTENCIA E INSUFICIENCIA, es decir, todo tipo de pérdidas.

N. Todo tipo de derroche, inconsistencia e insuficiencia debe ser declarado como PROBLEMA y resuelto:

    1. Solución de Problemas por el Gerente y *Staff*.

    2. Círculos de Control de la Calidad.

    3. Sistema de Sugerencias, como muestra la Figura 13.1.

O. Todos los problemas deben ser atacados. En algunos casos, usted podrá pensar: "¡Ah! ¡La solución de este problema no irá afectar el resultado de la empresa! Él es muy pequeño." Si todos piensen así, ¡estamos perdidos!

P. La suma de pequeños problemas es un gran problema. ¡VAMOS A BUSCAR LA PERFECCIÓN!

14.2 Local de trabajo centrado en las personas

A. El "poder del grupo de personas de producir resultados" (P) puede ser representado por la siguiente ecuación empírica:

$$P = T \times H \times M^n$$

en la que

T = cantidad de trabajo realizado en hombres-hora.

H = habilidad de las personas.

M = moral del grupo (motivación).

n = factor exponencial.

B. Considerando que la cantidad de horas trabajadas (T) sea regida por contrato de trabajo, una función del Gerente es:

    1. Elevar constantemente la habilidad (H) de las personas, por medio de educación y entrenamiento continuo por toda la vida del empleado.

    2. Elevar el moral (M) y crear un local de trabajo donde las personas tengan libertad de ser espontáneas y tener iniciativas.

C. Elevar constantemente la habilidad de las personas significa:

    1. Enseñar a las personas su trabajo operacional por medio de la estandarización. Ésta es la prioridad. Esto es llamado "entrenamiento operacional".

2. Buscar medios de <u>alfabetizar</u> las personas y llevarlas al segundo grado completo.

3. Enseñar a las personas la <u>tecnología del proceso</u> en que trabajan.

4. Enseñar a las personas la <u>tecnología gerencial</u> (PDCA y herramientas para uso en el CCQ).

D. Elevar el moral significa:

1. <u>Tratar bien</u>, <u>pagar bien</u>.

2. Creer que las personas pueden usar su <u>raciocinio</u>. Dirigir todas las personas para la solución de problemas, por medio del CCQ y del Sistema de Sugerencias.

3. Mantener un vigoroso <u>5S</u>, cada vez más amplio, cada vez más profundo.

4. Trabajar con el mínimo de personas en su equipo (cualquier exceso es derroche), pero manteniéndolos unidos y estables en el empleo, para que el <u>conocimiento depositado en sus mentes permanezca en la empresa</u>.

14.3 Mejorías drásticas

A. Su proceso puede estar muy bien, pues usted y su equipo vienen trabajando en él a lo largo de los años.

B. Sin embargo, en el mundo de hoy, lo normal es el CAMBIO. Usted puede estar muy confiante con sus resultados, pero podrá descubrir:

1. Las necesidades de sus clientes han cambiado.

2. Entraron nuevos competentes en el mercado.

3. Surgieron nuevos materiales.

4. Surgieron nuevas tecnologías.

C. Por tanto, aunque las mejorías sucesivas sean muy importantes, es necesario constantemente cuestionar sus productos y su propio proceso:

1. Consultando continuamente sus clientes internos o externos (¿Mi producto es necesario? ¿Debo eliminarlo? ¿Debo alterarlo? ¿Debo desarrollar otro? ¿Cómo puedo tener un producto mejor, más barato, más seguro, entrega rápida, mantenimiento más fácil?).

2. Preguntando: de que manera puedo utilizar estas nuevas tecnologías para atender a las necesidades de mis clientes (¿cómo puedo tener un proceso más fácil, mejor, con menor dispersión, más barato, más rápido, más seguro?)

D. Los cuestionamientos arriba forman la base de la mejoría por reforma, en la que se cuestiona su propio proceso o su propia manera de trabajar, como muestra la Figura 14.2.

E. La Figura 14.3 muestra los dos tipos de mejorías. Ambas buscan el aumento de productividad (eliminación de las Tres Fuentes de Pérdidas).

F. El área de ingeniería y el área gerencial de las empresas utilizan el PDCA para nuevos procesos más frecuentemente. Las Unidades Gerenciales Básicas utilizan más el PDCA para los procesos existentes.

G. El Gerente, además de comandar las mejorías sucesivas en su área, debe tener siempre en mente las mejorías drásticas.

14.4 — Tópicos para reflexión por los "Grupos de Cumbuca"

Ustedes irán comprender intelectualmente este capítulo, sin grandes dificultades. Ahora, para "sentir en la piel", para entender mismo lo que está escrito aquí, ¡solo habiendo ejecutado los trece capítulos anteriores!

A. Discutan los efectos de la internacionalización de la economía en la su empresa. ¿Quiénes son sus competentes ahora? ¿Da para enfrentarlos?

B. ¿Entendieron la expresión "corrida por la productividad"? ¿Por qué cliente? ¿Por qué costos?

C. ¿Por qué el pensamiento humano es ahora más importante que nunca? ¿Ustedes relacionaron pensamiento humano con conocimiento? ¿Y conocimiento con motivación?

D. Discutan el término Meta Base Cero como concepto de búsqueda de la perfección.

E. Discutan el concepto de las "Tres Fuentes de Pérdidas". Sugiero a cada miembro del grupo dar un ejemplo de derroche, otro de inconsistencia y otro de insuficiencia.

F. ¿El grupo consigue relacionar Cpk superior a 2,0 con el concepto de Inconsistencia?

G. ¿Por qué tener un local de trabajo dirigido para las personas, en el mundo de hoy?

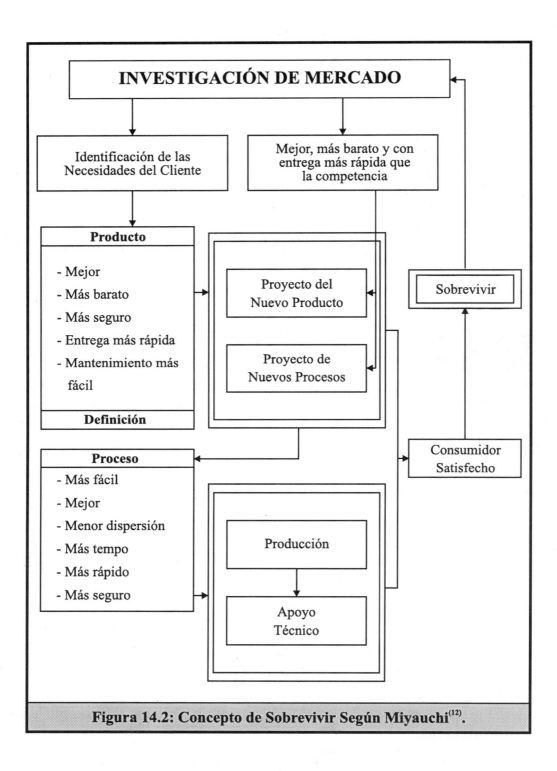

Figura 14.2: Concepto de Sobrevivir Según Miyauchi[12].

MEJORÍA CONTINUA

MEJORÍAS SUCESIVAS

(A P / C D)

1. Admite la actual manera de trabajar (proceso)

2. Analiza la actual manera de trabajar (proceso)

3. Mejora la actual manera de trabajar (*KAIZEN*)

4. Opera cada vez más eficiente un proceso que tiene perjuicio explícito en el proyecto

MEJORÍAS DRÁSTICAS

(A P / C D)

1. Desaprobar la actual manera de trabajar (proceso)

2. Busca la manera ideal de trabajar (proceso)

3. Incentiva cambios drásticos en la manera de trabajar (*KAIKAKU*)

4. Elimina perjuicio contenido en el propio proyecto del proceso anterior

Figura 14.3: Comparación entre "mejorías sucesivas" y "mejorías drásticas"[11].

H. Discutan la expresión $P = T \times H \times Mn$. ¿Cómo llevar la <u>habilidad</u> de las personas? ¿Como elevar el <u>moral</u>?

I. ¿Qué tiene el moral que ver con motivación? ¿Y ésta con el conocimiento? ¿Y éste con la habilidad?

J. ¿Cómo promover mejorías? Se acuerden de la Figura A.5 del Anexo A.

Anexo A

Cómo Funciona el PDCA en la Gestión

A. El PDCA es un <u>método</u> de gestión. Por tanto, si usted es Gerente y es dirigido para el futuro, usted precisa <u>dominar el PDCA</u>.

B. Método es una palabra que viene del griego. Es la suma de las palabras griegas *Meta* y *Hodos*. *Hodos* quiere decir "<u>camino</u>".

C. Por tanto, método quiere decir: "<u>Camino para la meta</u>".

D. El <u>PDCA es el camino</u> para alcanzarse las metas.

E. La figura A.1 muestra la forma más simple y reducida del PDCA.

F. Existen dos <u>tipos de meta</u>: metas para mantener y metas para mejorar.

G. Por ejemplo: usted puede desear entregar un cierto informe siempre en el día 5 del mes siguiente; o fabricar un producto siempre con las mismas dimensiones, etc. Estos tipos de meta son "<u>metas para mantener</u>".

H. Estas "metas para mantener" pueden también ser llamadas de "<u>metas estándar</u>". Tendríamos entonces calidad estándar, costo estándar, plazo estándar etc.

I. Las "metas estándar" son alcanzadas por medio de <u>operaciones estandarizadas</u>.

J. Por tanto, el "plan" para se alcanzar la meta estándar es el "<u>Procedimiento Operacional Estándar</u>" (*Standard*).

K. El PDCA utilizado para alcanzar "metas estándar", o para MANTENER los resultados en un cierto nivel deseado, podría ser llamado de <u>SDCA</u> (S para *Standard* o Estándar).

L. La Figura A.2 muestra el SDCA.

M. El otro tipo de meta es la "<u>meta para mejorar</u>".

N. Por ejemplo: reducir los costos en el 5% hasta agosto de 1995; aumentar la producción en el 8% hasta diciembre de 1994, etc. Estos tipos de meta son "metas para mejorar".

O. Para alcanzarse nuevas metas, o nuevos resultados, debemos modificar la "manera de trabajar", es decir, modificar los <u>Procedimientos Operacionales Estándar</u>.

P. La Figura A.3 muestra el <u>PDCA</u> dirigido para mejorías.

Q. Por tanto, el PDCA de mejorías <u>modifica</u> el SDCA (para mantener).

R. En la verdad, el PDCA coloca el SDCA en otro nivel de desempeño.

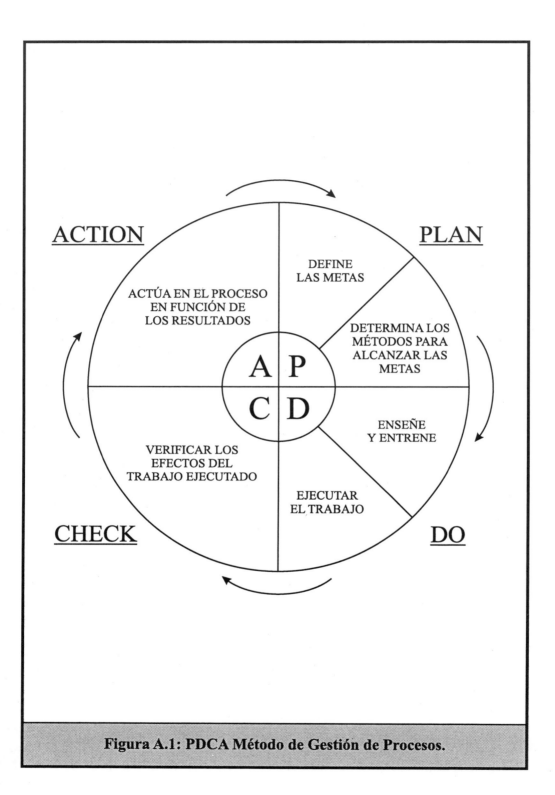

Figura A.1: PDCA Método de Gestión de Procesos.

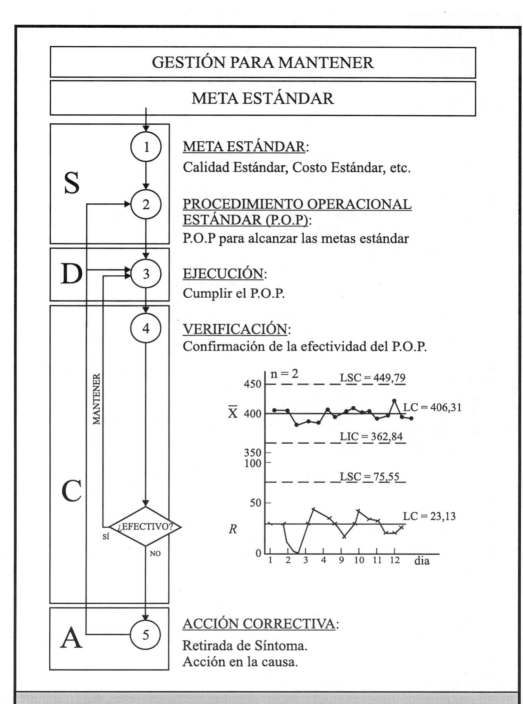

Figura A.2: Por menorización del PDCA para mantener resultados.

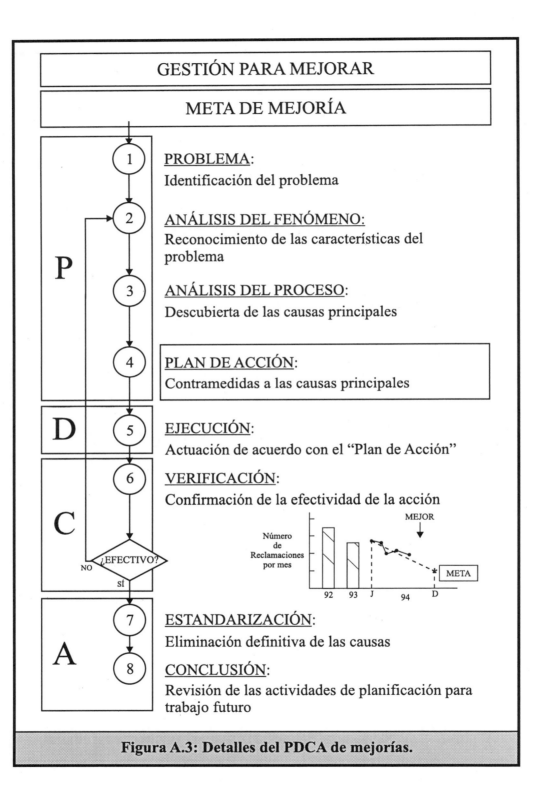

GESTIÓN PARA MEJORAR

META DE MEJORÍA

P

1 PROBLEMA:
Identificación del problema

2 ANÁLISIS DEL FENÓMENO:
Reconocimiento de las características del problema

3 ANÁLISIS DEL PROCESO:
Descubierta de las causas principales

4 PLAN DE ACCIÓN:
Contramedidas a las causas principales

D

5 EJECUCIÓN:
Actuación de acuerdo con el "Plan de Acción"

C

6 VERIFICACIÓN:
Confirmación de la efectividad de la acción

¿EFECTIVO?
NO
SÍ

Número de Reclamaciones por mes

MEJOR

META

92   93   J   94   D

A

7 ESTANDARIZACIÓN:
Eliminación definitiva de las causas

8 CONCLUSIÓN:
Revisión de las actividades de planificación para trabajo futuro

Figura A.3: Detalles del PDCA de mejorías.

S. El PDCA es conducido por las funciones gerenciales y el SDCA por las funciones operacionales (vea Tabla 1.1).

T. La Figura A.4 muestra el funcionamiento conjugado del PDCA y del SDCA. Todos los <u>productos</u> internos y externos de la empresa vienen del SDCA.

U. El PDCA puede ser utilizado para mejorar el proceso existente para definir un nuevo proceso (vea Tabla 1.1).

V. La conjugación de estos dos tipos de PDCA y del SDCA es que compone la "<u>Mejoría Continua</u>", como muestra la Figura A.5.

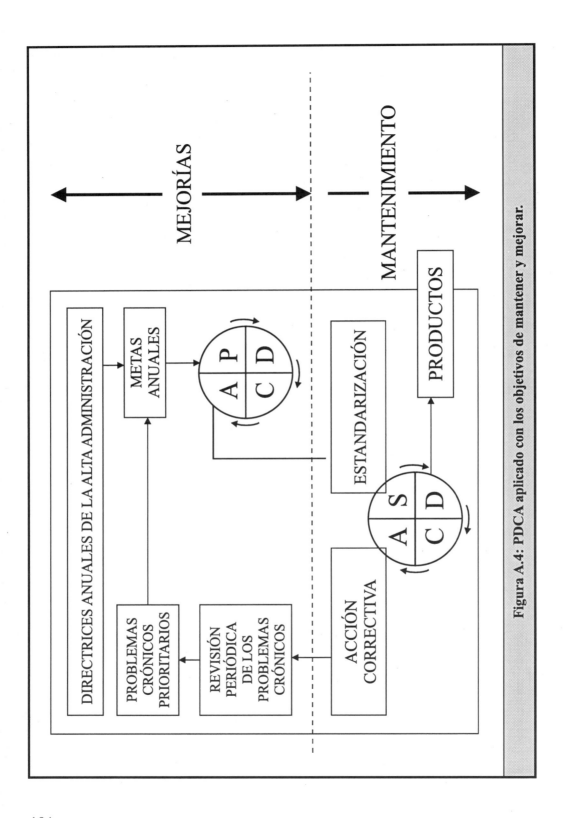

Figura A.4: PDCA aplicado con los objetivos de mantener y mejorar.

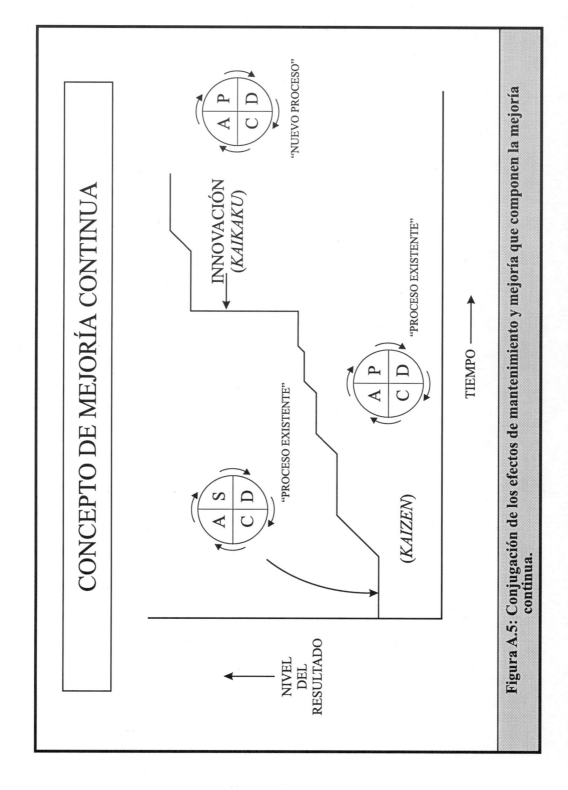

Figura A.5: Conjugación de los efectos de mantenimiento y mejoría que componen la mejoría continua.

Anexo B

Ejemplos de Informes de Anormalidades

A. Incluimos, en este anexo, algunos informes de anormalidades a título de sugerencia.

B. Cada empresa debe proyectar el suyo mismo.

C. Observe, sin embargo, que el informe sigue aproximadamente la secuencia del PDCA.

D. El último informe presentado en esta secuencia ha sido retirado del libro *Introduction to Cuality Control*, del Prof. Kaoru Ishikawa[13].

E. Creemos que debemos comenzar con modelos más simple, para no "espantar la gente".

F. Mismo siendo simple, usted tienen que entrenar su Supervisor a llenar el informe.

G. Ahora acuérdese: es más importante el que viene antes de la cumplimentación del informe que el propio Informe de Anormalidades.

H. Las personas deben aprender a analizar sus anormalidades, buscando las causas de su ocurrencia y proponiendo acciones sobre estas causas que visen eliminar la posibilidad de nuevas ocurrencias.

I. La cumplimentación del informe es solo una consecuencia de este análisis.

COMPAÑÍA B	INFORME DE ANÁLISIS DE ANORMALIDAD EN EL TURNO	**CONTROL** NÚMERO: ___/___

TURNO: 3   *TURMA*   *FECHA: 15/03/93*

DESCRIPCIÓN RÁPIDA DE LA ANORMALIDAD / RECLAMACIÓN:

Carrera con % de carbono sobre el objetivado.

RESULTADO ESPERADO:

Porcentual de carbono = 0,093%

RESULTADO OBTENIDO:

Porcentual de carbono = 0,120%

DIFERENCIA:

Porcentual de carbono encima = 0,027%

***BRAINSTORMING* (POSIBLES CAUSAS):**

Error de cálculo de adición, falta de bloqueo en el Procedimiento Operacional Estándar.

Displicencia del operador. Faja objetivada en el Sip con margen a Error.

CAUSAS MÁS PROBABLES:

CAUSA(S) FUNDAMENTAL(ES):

- Falta de bloqueo en el procedimiento operacional estándar.

- Descuido del operador cuanto a possible resto de grafite en el cañón.

PLAN DE ACCIÓN			
QUÉ	*QUIÉN*	*CÓMO (CUANDO APLICABLE)*	*CUÁNDO*
1 - Introducir en el procedimiento estándar para bloqueo (ítem 2).	*Júlio Maria*	*Haciendo revisión del estándar existente.*	*Inmediato.*
2 - Asegurar que el cañón está vacío.	*Hornero Horno olla*	*Inyectando nitrogeno en el cañón hasta la limpieza total.*	*En el momento de recarburar las carreras.*
3 - Limitar en el Sip la % de Carbono (0,085 a 0,105).	*Cid*	*Enviando nota al dgq.*	*Inmediato.*

EMPRESA "E"	Informe de Análisis de Anormalidad en el Turno	Control

Control
Nº: ①/②
Fecha:③ /___/___

Sección: ④ _____ C.C.: ⑤ _____

Turno: ⑥ _____ Turma: ⑦ _____ Máq./Línea: ⑩ _____

OP Nº: ⑧ _____ Operador: ⑪ _____

Descripción de la OP: ⑨ _____ Detectado por: ⑫ _____

_____ Hora: ⑬ _____

Investigación de las Causas:

Materia Prima	Equipamientos	Informaciones	Anormalidad
⑭	⑮	⑯	⑳
⑰	⑱	⑲	
Condiciones Ambientales	Personal	Procedimientos	

¿Por qué ocurre la anormalidad?: ㉑ _____

_____

_____

_____

_____

_____

Causa Probable: ㉒ _____

_____

_____

_____

Plan de Acción

Qué hacer	Quién	Cómo hacer	Cuándo
㉓	㉔	㉕	㉖

Informaciones complementares

㉗

Opinión del Jefe

㉘

—————————
㉙
Visa del Jefe

División de Garantía de la Calidad
Grupo Calidad Total

Informe de Análisis de Anormalidad del Turno

Instrucciones para Cumplimentación

1. Cumplimentar con número secuencial con límite determinado en el campo "2".

2. Cumplimentar con el intervalo con que se pasarán las Revisiones Periódicas del Jefe.
   Ex.: Semana/Mes/Quincena/etc...

3. Cumplimentar con la fecha de cuándo ha sido encontrada la anormalidad.

4. Cumplimentar con el nombre de la sección dónde ha sido encontrada la anormalidad.

5. Cumplimentar con el número del Centro de Costo del Proceso donde ha sido encontrada la anormalidad.

6. Cumplimentar con el número del turno en el cuál ha sido detectada la anormalidad.

   Ex.: 10/20/30/etc...

7. Cuando se trata de grupos de rotación, cumplimentar con el número (o letra) del grupo.

8. Cumplimentar con el número de la operación del proceso.

   Ex.: 10/20/30/etc...

9. Cumplimentar con el nombre de la operación del proceso.

10. Cumplimentar con el nombre y/o número de la máquina o línea de producción/montaje.

11. Cumplimentar con el nombre del operador que esté ejecutando la operación en el momento en que sea encontrada la anormalidad.

12. Cumplimentar con el nombre de la persona que encuentre la anormalidad.

13. Cumplimentar con el horario en que ha sido encontrada la anormalidad.

14. Describir las causas probables de la anormalidad encontrada.

15. Describir las causas probables de la anormalidad encontrada.

16. Describir las causas probables de la anormalidad encontrada.

17. Describir las causas probables de la anormalidad encontrada.

18. Describir las causas probables de la anormalidad encontrada.

19. Describir las causas probables de la anormalidad encontrada.

20. Describir sucintamente la anormalidad encontrada.

21. Cumplimentar con los porqués de las causas más probables.

22. Cumplimentar con la causa inmediata (probable) que provocó la anormalidad detectada.

23. Plan de acción: Describir qué hacer para eliminar la anormalidad.

24. Plan de acción: Registrar el nombre del responsable por la acción a ser implementada.

25. Plan de acción: Describir cómo la acción será implementada.

26. Plan de acción: Describir cuándo la acción será implementada.

27. Todas las informaciones complementares para las cuales no existieran campos específicos deberán ser descritas para aclaración y/o para mejorías futuras, bien como la decisión del análisis crítico hecho sobre el lote del producto involucrado.
    Ex.: ¿Selección/Recuperación/Liberación? PDP n°/etc.

28. El jefe debe cumplimentar este campo registrando la concordancia con la acción tomada o sugiriendo mejorías.

29. El jefe debe dar visto, demostrando haber revisado el R.A.A.T

Nota:

Exceptuando los campos 28 y 29, todos los demás deberán ser cumplimentados por el Supervisor o por el Preparador.

EMPRESA "C"	INFORME DE ANÁLISIS DE ANORMALIDAD		

Unidad: CORPORATIVA		Turno: ÚNICO	Fecha: 15/03/94
Gestión/Departamento: GERENCIA FINANCIERA		Departamento/Sector: CRÉDITO DE COBRANZA	

1. IDENTIFICACIÓN

Anormalidad:

Protesto indebido

Retirada del Síntoma:

Elaborada carta de anuencia p/ cartorio. Requerido certificado negativo.

Comandé baja en el SCI y SERASA.

2. OBSERVACIÓN

Local: Cobranza	Hora:	Operador:

Tipo:

Reclamación del cliente

Síntoma:

Protesto

Cadastro negativo

3. ANÁLISIS

CLIENTE   BANCO   CARTORIO

- Pagto directo   - No acató instr.   - No acató
- Pagto pos-vencto.   - No instruyo al   instr.
- Descon. forma   cartorio
  cobranza

PROTESTO INDEBIDO

- Retraso entrega NF
- No exped.   - Erró fecha
  instr.   vencimiento   - Retraso entrega mercancía

COBRANZA   FACTURACIÓN   TRANSPORTE

FALTA DE PROCEDIMIENTO ESTÁNDAR

4. PLAN DE ACCIÓN - 5W 1H

4.1. Acción (¿Qué hacer?)	4.2. Responable (¿Quién?)	4.3. Fecha Límite (¿Cuándo?)	4.4. Observaión (Cómo/Por qué/Dónde?)
1 - Elaborar procedimiento de baja de duplicatas pagadas en tarjeta	CLÁUDIA	31/03/94	
2 - Entrenar equipo	MOACIR	08/04/94	
3 - Acompañar	MOACIR/CLÁUDIA		

5. ACCIÓN

(¿Qué se ha hecho?)

6. VERIFICACIÓN

(¿Qué ha sido observado después de la acción?)

7. ESTANDARIZACIÓN

(¿Es recomendado alterar el estándar?)

8. CONCLUSIÓN

9. GANANCIAS (US$)

Jefe Departamento/Maestro (Nombre/Firma):

Gerente/Jefe Departamento (Nombre/Firma):

EMPRESA X, LTDA		INFORME DE ANORMALIDAD DE PROCESO				

<table>
<tr><td rowspan="8">Ocurrencia de Anormalidades</td><td>Nombre de la Máquina</td><td>ENT-86814</td><td>Número de la Carta de Control</td><td colspan="2">20-2-Tuu-A3-2</td><td colspan="2">Fecha y Período de Ocurrencia</td></tr>
<tr><td>Nome del Proceso</td><td>Pré prueba</td><td>Número del Lote</td><td colspan="2"></td><td colspan="2" rowspan="2">15 de febrero</td></tr>
<tr><td>Característica de la Calidad</td><td>Desempeño elétrico (oscilación)</td><td>Operador Inspector</td><td colspan="2">Akemi Yoshikawa</td></tr>
<tr><td colspan="4">3% estratificado en la Carta de Control, mostrando errores en la carta de oscilación eléctrica de pre prueba.
3,0
LSC = 1,12
LM = 0,3
9 10 11 14 15</td><td colspan="2">17:00h</td><td>Detectado por</td></tr>
<tr><td></td><td></td><td></td><td></td><td></td><td></td><td>Tabuchi</td></tr>
</table>

Investigación de Causas	En el pasado, la posición del excentrico era determinada en relación a ranhura del eje del rotor (es decir, por la dimensión C). Para mejorar a			Investigación de la Causa	
	Excentrico / Eje do Rotor / Soldador / Dimensión B / Dimensión C / Sobra / Interferencia / Chasis / Dimensión A Eficiencia, la guía de soldadura del excentrico fue determinada por la dimensión B. Por causa de las sobras y de otras irregularidades en el final del eje del rotor, ello aumentaba la variacion en la dimensión C, causando obstrución del chasis por el excéntrico y alterando la oscilación eléctrica.	1	¿Cuando?	16 febrero
			¿Quién?	Tabuchi
		2	¿Cuando?	Día, Mes
			¿Quién?	
	Es deseado utilizar la actual guía eficiente para resguardarse contra futuros aumentos de producción.	3	¿Cuando?	Día, Mes
			¿Quién?	

Acción de Emergencia	Cuando soldar resorte de suelo, checar si do excéntrico está interfiriendo con el chasis.	Ligación com Departamentos afines	Acción de Emergencia	
		17 febrero	1	¿Quién?	Tabuchi
	Durante el proceso de montaje del rotor, corregir el excéntrico del eje del rotor, soldando la guía.	La investigación requiere envío al departamento técnico. (UTU - 014)	2	¿Cuando?	17 febrero
				¿Verificado por?	Tokuno

Acción de Prevención a Reincidencia	Durante el proceso de montaje del rotor, controlar la dimensión eje/excéntrico (Dimensión B) con una carta de control $\overline{X}$ - R (a partir de 17 de febrero).	Prevención a Reincidencia	
		¿Cuando?	28 febrero
		¿Quién?	Tokuno
	Cambio en la dimensión de la pieza donde el chasis entra en contato con el excéntrico (Dimensión A) de 5,5 para 6,5 mm.	Confirmación de detalles de la acción	Aoki

Confirmación del efecto de acción de prevención a reincidencia	Tras alterar la dimensión A, ningún error de oscilación eléctrica ocurrió. Una vez que la carta de control de p para los errores de oscilación eléctrica continuó a mostrar cero defectos, ella fue interrumpida.	Verificación	
		¿Cuando?	8 marzo
	La carta de control $\overline{X}$-R para dimensión de soldadura del rotor/excéntrico foi también interrumpida.	¿Quién?	Tokuno

Período de armacenarje de 3 ános	División de regulagem	Jefe de la Sección	Supervisor	Líder
Número del Formato TG-Q001	Almacén MP, Sección Producción, Grupo de montado UHF	Aoki	Tokuno	Tabuchi

* Conforme original de Kaoru Ishikawa, en *Introduction to Quality Control* - pág. 299.

Modelo de Informe de Anormalidad[13].

Anexo C

Cómo Hacer Flojogramas

A. Primero es conveniente mostrar la diferencia entre <u>flujograma</u> y <u>macroflujograma</u>. La Figura C.1, que es auto explicativa, muestra esa diferenciación.

B. Vamos dividir los flujogramas en dos grupos:

    1. Flujogramas de las áreas de servicio.

    2. Flujogramas de las áreas industriales.

C. Primero mostramos un ejemplo de flujograma de área de servicio de la empresa "C". Utilice los símbolos de la Tabla C.1.

D. Después viene el ejemplo de flujogramas de áreas industriales. Vea Tabla C.2.

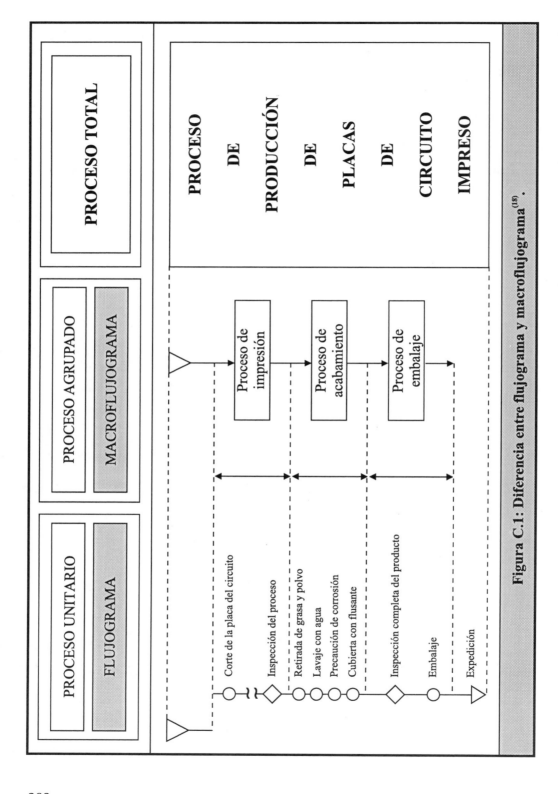

Figura C.1: Diferencia entre flujograma y macroflujograma[18] .

PROCESO TOTAL

PROCESO AGRUPADO

MACROFLUJOGRAMA

PROCESO UNITARIO

FLUJOGRAMA

PROCESO DE PRODUCCIÓN DE PLACAS DE CIRCUITO IMPRESO

Proceso de impresión

Proceso de acabamiento

Proceso de embalaje

Corte de la placa del circuito

Inspección del proceso

Retirada de grasa y polvo

Lavaje con agua

Precaución de corrosión

Cubierta con flusante

Inspección completa del producto

Embalaje

Expedición

Tabla C.1: Símbolo de Flujograma.	
Símbolo	Significado
(rectángulo) O (rectángulo redondeado)	Reunión
(rectángulo)	Acción
(rombo)	Verificación

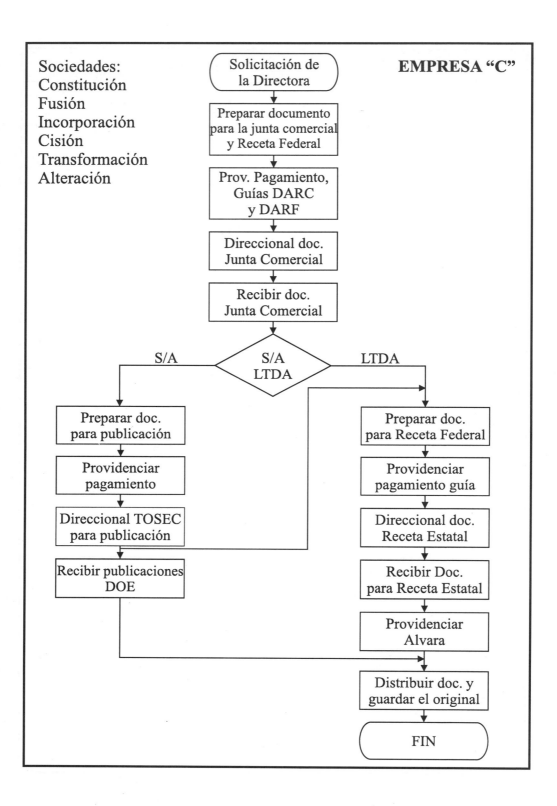

Sociedades:
Constitución
Fusión
Incorporación
Cisión
Transformación
Alteración

EMPRESA "C"

Solicitación de
la Directora

Preparar documento
para la junta comercial
y Receta Federal

Prov. Pagamiento,
Guías DARC
y DARF

Direccional doc.
Junta Comercial

Recibir doc.
Junta Comercial

S/A
LTDA

S/A   LTDA

Preparar doc.
para publicación

Providenciar
pagamiento

Direccional TOSEC
para publicación

Recibir publicaciones
DOE

Preparar doc.
para Receta Federal

Providenciar
pagamiento guía

Direccional doc.
Receta Estatal

Recibir Doc.
para Receta Estatal

Providenciar
Alvara

Distribuir doc. y
guardar el original

FIN

Tabla C.2: Convenciones simplificadas para el flujograma*.	
Trabajo	Proceso que provoca cambios en la forma y propiedades de materiales, componentes o producto.
Transporte 1/2 a 1/3 de a	Proceso que provoca cambios en la posición de materias primas, componentes o productos.
Existencias Planificadas	Proceso de existencias de materias primas, materiales, componentes o productos, de acuerdo con el plan.
Existencias no planificadas	Estado de congestión de materias primas, materiales, componentes o productos, de acuerdo con el plan.
Inspección de la Cantidad	Proceso para obtener la diferencia de los resultados, comparándose la referencia con la cantidad de materia prima, materiales, componentes y productos.
Inspección de la Calidad	Proceso de juzgar la conformidad del lote o buena calidad de la pieza, probando las características de la calidad de la materia prima, materiales, componentes o producto y comparándose los resultados con la referencia.
* Vea libro "Estandarización de Empresas" pág. 93 para más detalles.	

Las convenciones de flujograma mostradas en la página anterior también pueden ser dispuestas de forma conjugada, caso las operaciones ocurran simultáneamente (vea tabla abajo).

Tabla C.2: Continuación	
Símbolo Compuesto	Significado
	Mientras se conduce principalmente la inspección de la calidad, la inspección de la cantidad también es conducida.
	Mientras se conduce principalmente la inspección de la cantidad, la inspección de la calidad también es conducida.
	Mientras se conduce principalmente el trabajo, la inspección de la cantidad también es conducida.
	Mientras se conduce principalmente el trabajo, lo transporte también es conducido.

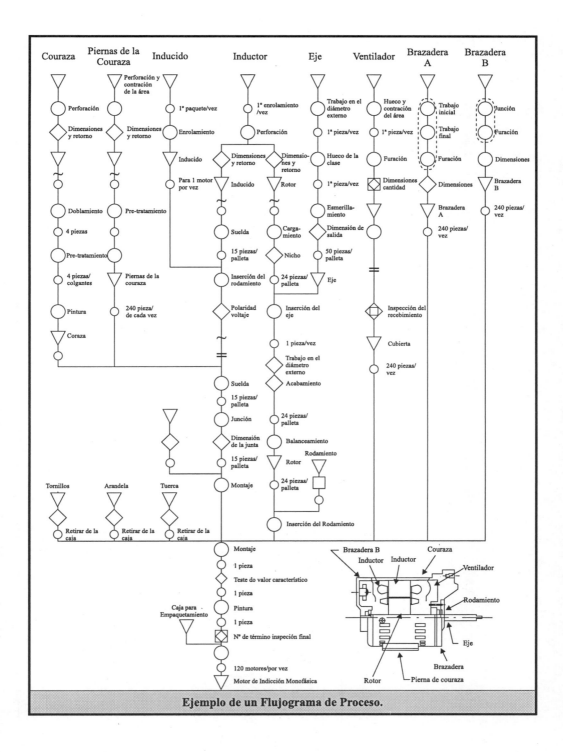

Ejemplo de un Flujograma de Proceso.

Anexo D

Cómo Recibir una Consutoría

A. Una empresa siempre necesitará de consultores, pues éstos son agentes que traen <u>conocimiento sobre materias específicas</u>.

B. Este <u>conocimiento</u> debe ser utilizado para RESOLVER PROBLEMAS, es decir, ALCANZAR METAS.

C. Entonces el objetivo es "alcanzar una meta" y no "recibir el consultor".

D. Si el objetivo es "alcanzar una meta", entonces el modelo para recibir un consultor es el PDCA, como muestra la Tabla D.1.

E. Si usted sigue este modelo, que sirve para cualquier tipo de consultoría, usted sabrá perfectamente si el consultor le está ayudando o no.

F. De nada sirve "contar ventajas" para el consultor. Nadie está ganando nada con ello. Tal vez solo su ego.

G. El consultor está allí para ayudar a montar y perfeccionar el PLAN DE ACCIÓN, de tal forma que usted consiga alcanzar las metas.

H. Cada venida del consultor debe ser encarada como una rueda del PDCA, por tanto debe ser acompañada por un "Informe de Tres Generaciones".

I. No se olvide: <u>el objetivo es alcanzar la meta</u>.

Tabla D.1: Método para Recibir Consultor.

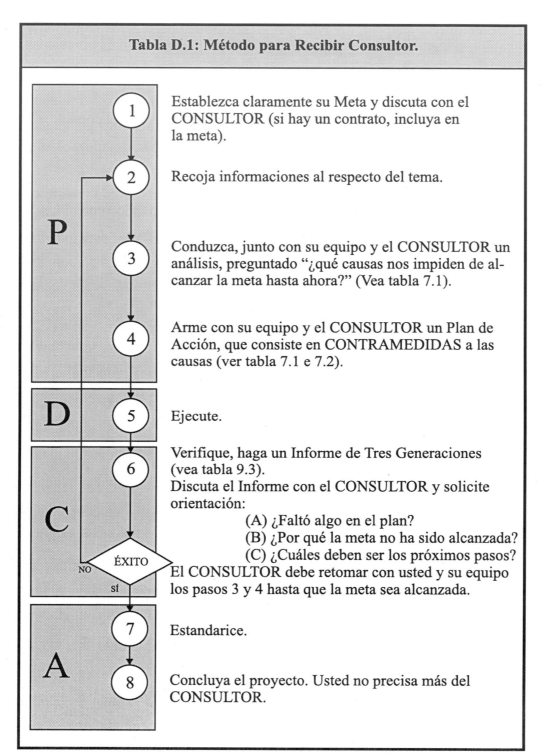

P

1 Establezca claramente su Meta y discuta con el CONSULTOR (si hay un contrato, incluya en la meta).

2 Recoja informaciones al respecto del tema.

3 Conduzca, junto con su equipo y el CONSULTOR un análisis, preguntado "¿qué causas nos impiden de alcanzar la meta hasta ahora?" (Vea tabla 7.1).

4 Arme con su equipo y el CONSULTOR un Plan de Acción, que consiste en CONTRAMEDIDAS a las causas (ver tabla 7.1 e 7.2).

D

5 Ejecute.

C

6 Verifique, haga un Informe de Tres Generaciones (vea tabla 9.3).
Discuta el Informe con el CONSULTOR y solicite orientación:

> (A) ¿Faltó algo en el plan?
> (B) ¿Por qué la meta no ha sido alcanzada?
> (C) ¿Cuáles deben ser los próximos pasos?

ÉXITO — NO — sí

El CONSULTOR debe retomar con usted y su equipo los pasos 3 y 4 hasta que la meta sea alcanzada.

A

7 Estandarice.

8 Concluya el proyecto. Usted no precisa más del CONSULTOR.

Anexo E

PDCA Método de Solución de Problemas (Cómo Alcanzar Metas de Mejoría)

Tabla E.1: Método de solución de problemas - *QCS STORY.*

PDCA	FLUJO-GRAMA	FASE	OBJETIVO
P	①	Identificación del problema	Definir claramente el problema y reconocer su importancia
	②	Obtención	Investigar las características específicas del problema con una visión amplia y sobre varios puntos de vista
	③	Análisis	Descubrir las causas fundamentales
	④	Plan de Acción	Crear un plan para bloquear las causas fundamentales
D	⑤	Ejecución	Bloquear las causas fundamentales
C	⑥	Verificación	Verificar si el bloqueo fue efectivo
	◇ ? N/S	(¿El bloqueo fue efectivo?)	
A	⑦	Estandarización	Prevenir contra el reaparecimiento del problema
	⑧	Conclusión	Recapitular todo el proceso de solución del problema para trabajo futuro

Proceso 1 - Identificación del Problema

Flujo	Tarea	Herramientas Empleadas	Observaciones
1	Selección del problema	• Directrices generales del área de trabajo (calidad, entrega, costo, moral, seguridad).	• Un problema es el resultado indesejable de un trabajo (esté cierto de que el problema escojido es el más importante basando en hechos y datos). Por ejemplo: pérdida de producción por parada de equipamiento, pagamientos en retraso, porcentaje de piezas defectosas, etc.
2	Histórico del problema	• Gráficos • Fotografías Utilize siempre datos históricos	• ¿Cuál la frecuencia del problema? • ¿Cómo ocurre?
3	Mostrar pérdidas actuales y ganancias viables		• ¿Qué se está perdiendo? • ¿Qué es posible ganar?
4	Hacer Análisis de Pareto	• Análisis de Pareto	• El Análisis de Pareto permite priorizar temas y establecer metas numéricas viables. Subtemas pueden también ser establecidos, si necesario. Nota: No se procuran causas aquí. Solo resultados indesejables. Las causas serán procuradas en el Proceso 3.
5	Nombrar responsables	• Nombrar	• Nombrar la persona responsable ou nombrar el grupo responsable y el líder. • Proponer una fecha límite para tener el problema resuelto.

Proceso 2 - Observación

Flujo	Tareas	Herramientas Empleadas	Observaciones
1	**Descubierta de las características del problema a través de la colecta de datos** **Recomendación importante: cuanto más tiempo usted gasta aquí más fácil será para resolver el problema. ¡Não salte esta parte!**	*ANÁLISIS DE PARETO* • ESTRATIFICACIÓN • HOJA DE VERIFICACIÓN • GRÁFICOS DE PARETO PRIORIZACIÓN Escoja los temas más importantes y retorne A E EFGH I B IJKL J ABCD	• Observe el problema bajo varios puntos de vista (estratificación): a. *Tiempo* - ¿Los resultados son diferentes la mañana, la tarde, la noche, los lunes, los feriados, etc.? B. *Local* - ¿Los resultados son diferentes en partes diferentes de una pieza (defectos en el tope, en la base, periferia)? ¿En locales diferentes (accidentes en esquinas, en el medio de la calle, veredas), etc? c. *Tipo* - ¿Los resultados son diferentes dependiendo del producto, de la matéria prima, del material usado? d. *Síntoma* - ¿Los resultados son diferentes si los defectos son cavidades o porosidades, si el absenteísmo es por falta o permiso médica, si la parada es por quema de un motor ou falla mecánica, etc? • Deberá tambien ser necesario investigar aspectos específicos, por ejemplo: humedad relativa del aire, temperatura ambiente, condiciones de los instrumentos de medición, confiabilidad de los estándares, entrenamiento, quién es el operador, cuál el equipo que trabajó, cuáles las condiciones climáticas, etc. • "5W1H" - Haja las perguntas: qué, quién, cuándo, dónde, por qué y cómo, para colectar datos. • Construya varios gráficos de Pareto de acuerdo com os grupos definidos na estratificação.
2	**Descobierta de las características del problema por medio de observación en el local**	• Análisis en el local de la ocurrencia del problema por las personas envolucradas en la investigación	• Debe ser hecha no en la oficina, pero en el mismo local de la ocurrencia, para colecta de informaciones suplementares que no pueden ser obtenidas en la forma de datos numéricos. Utilice cámera de vídeo y fotografias.
3	**Cronograma, presupuesto y meta**	FASE / 1 2 3 4 5 6 7 8 Análisis Plan de Acción Ejecución Verificación Estandarización Conclusión	• Hacer un cronograma para referencia. Este cronograma debe ser actualizado en cada proceso. • Estimar un presupuesto. • Definir una meta a ser alcanzada.

Proceso 3 - Análisis

Flujo	Tareas	Herramientas Utilizadas	Observaciones
(1)	**Definición de las causas influentes**	• Tempestade de ideas y diagrama de causa y efecto. • Pregunta: ¿Por qué ocurre el problema?	• Envuelcre todas las personas que puedan contribuir en la identificación de las causas. Las reuniones deben ser participativas. • Diagrama de causa y efecto: apunte el mayor número posible de causas. Establezca la relación de causa y efecto entre las causas levantadas. Construya el diagrama de causa y efecto colocando las causas más generales en las espinas más grandes y las causas secundarias, terciarias, etc. en las ramas más pequeñas.
(2)	**Escoja de las causas más probables (hipótesis)**	• Identificación en el diagrama de causa y efecto.	• Causas más probables: las causas levantadas en tarea anterior tiene que ser reducidas por eliminación de las causas menos probables, con base en los hechos y datos levantados en el proceso de observación. Aproveche también las sugerencias basadas en la experiencia del grupo y de los superiores jerárquicos. Con base en las informaciones de la observación, priorice las causas más probables. • Cuidado con efectos cruzados: problemas que resultam de dos o más factores simultáneos. Más atención en estos casos.
(3)	**Análisis de las causas más probables (verificación de las hipótesis)**	• Colectar nuevos datos sobre las causas más probables. • Analizar los datos colectados. • Testar las causas.	• Visite el local dónde actúan las hipótesis. Colecte informaciones. • Estratifique las hipótesis, colecte datos utilizando la hoja de verificación para más facilidad. Use el gráfico de Pareto para priorizar el diagrama de correlación para probar la relación entre la hipótesis y el efecto. Use el histograma para evaluar la dispersión y gráficos secuenciales para verificar la evolución. • Pruebe las hipótesis por medio de experiencias.
◇ No / Sí	**¿Hubo confirmación de alguna causa más probable?**	• ¿Existe evidencia técnica de qué es posible bloquear?	• Con base en los resultados de la experiencias, será confirmada o no la existencia de relación entre el problema (efecto) y las causas más probables (hipótesis).
◇ No / Sí	**Prueba de consistencia de la causa fundamental**	• ¿El bloqueo generaría efectos indeseables?	• Si el bloqueo es imposible, o si va provocar efectos indeseables (chatarras, alto costo, retrabajo, complejidades), puede ser que la causa determinada aun no sea la causa fundamental, pero un efecto de ella. Convierta la causa en nuevo problema y pregunte otro porqué, volviendo al inicio de ese proceso.

Proceso 4 - Plan de Acción

Flujo	Tarea	Herramientas Empleadas	Observaciones
1	Elaboración de la Estratégia de Acción	• Discusión con el grupo involucrado	• Certifíquese que las acciones serán tomadas sobre las causas fundamentales y no sobre sus efectos. • Certifíquese que las acciones propuestas no producen efectos colaterales. Si ocurren, adopte acciones en contra ellas. • Propoga diferentes soluciones. Analice la eficacia y costo de cada una. Escoja la mejor.
2	Elaboración del Plan de Acción para el bloqueo y revisión del cronograma y presupuesto final	• Discusión con el grupo involucrado. "5W1H", cronograma, costos.	• Defina qué será hecho (*What*). • Defina cuándo será hecho (*When*). • Defina quién lo hará (*Who*). • Defina dónde será hecho (*Where*). Aclare por que será hecho (*Why*). Pormenorice o delegue los pormenores de cómo será hecho (*How*). • Determine la meta a ser alcanzada y cantidad ($, toneladas, defectos, etc). • Determine los ítems de control y de verificación de los diversos niveles involucrados.

Proceso 5 - Ejecución

Flujo	Tarea	Herramientas Empleadas	Observaciones
1	Entrenamiento	• Divulgación del plan a todos. • Reuniones participativas. • Técnicas de entrenamiento.	• Verifique cuáles acciones necesitan de la activa cooperación de todos. Dé especial atención a estas acciones. • Presente claramente las tareas y la razón de ellas. • Certifíquese de que todos entienden y concordan con las medidas propuestas.
2	Ejecución de la Acción	• Plan y cronograma.	• Durante la ejecución, verifique fisicamente y en el local en que las acciones están siendo efectuadas. • Todas las acciones y los resultados buenos y malos deben ser registrados, con la fecha en que fueron tomados.

Proceso 6 - Verificación

Flujo	Tareas	Herramientas Utilizadas	Observaciones
1	**Comparación de los resultados**	• Gráficos de Pareto, cartas de control, histogramas.	• Se deben utilizar los datos colectados antes y después de la acción de bloqueo para verificar la efectividade de la acción y el grado de reducción de los resultados indeseables. • Los formatos usados en la comparación deben ser los mismos antes y después de la acción. • Convierta y compare los efectos también en términos monetários.
2	**Listado de los efectos secundarios**		• Toda alteración en el sistema puede provocar efectos secundarios, positivos o negativos.
3	**Verificación de la continuidad o no del problema**		• Cuando el resultado de la acción es tan satisfactorio cuanto el esperado, certifíquese de que todas las acciones planificadas han sido implementadas de acuerdo con el plan. • Cuando los efectos indesejables continuan a ocurrir mismo después de ejecutada la acción de bloqueo, significa que la solución presentada ha sido falla.
2 ? N S	**¿El bloqueo ha sido efectivo?**	• ¿Pregunta: la causa fundamental ha sido efectivamente encontrada y bloqueada?	• Utilice las informaciones levantadas en las tareas anteriores para la decisión. • Si la solución ha sido falla, retornar al <u>proceso 2</u> (Observación).

Proceso 7 – Estandarización

Flujo	Tareas	Herramientas Utilizadas	Observaciones
1	Elaboración o alteración del estándar	• Establezca el nuevo procedimiento operacional o revea el antiguo ("5W 1H"). • Incorpore, siempre que posible, mecanismos a prueba de "tonterías" (*fool-proof*).	• Aclare en el estándar "qué", "quién", "cuándo", "dónde", "cómo" y, principalmente, "por qué", para las actividades que efectivamente deben ser incluidas ou alternadas en los estándares ya existentes. • Verifique si las instrucciones, determinaciones y procedimientos implantados en el proceso 5 deben sofrir alteraciones antes de ser estandarizados, con base en los resultados obtenidos en el proceso 6. • Use la creatividad para garantizar el no surgimiento de los problemas. Incorpore en el estándar, si posible, mecanismos a prueba de "tonterías", de modo que el trabajo puede ser realizado sin error por cualquier trabajador.
2	Comunicación	• Comunicados, circulares, reuniones, etc.	• Evite posibles confusiones: establezca la fecha de inicio de la nueva sistemática y cuales las áreas que serán afectadas para que la aplicación del estándar ocurra en todos los locales necesarios, al mismo tiempo y por todos los involucrados.
3	Educación y entreinamiento	• Reuniones y charlas. • Manuales de entreinamiento. • Entreinamiento en el trabajo.	• Garantice que los nuevos estándares o las alteraciones en los existentes sean transmitidas a todos los involucrados. • No se quede solo en la comunicación por escrito. Es preciso exponer la razón del cambio, presentar con clareza los aspectos importantes, y lo que fue alterado. • Certifíquese que los empleados están aptos a ejecutar el procedimiento operacional estándar. • Providencie el entreinamiento en el trabajo, en el proprio local. • Providencie documentos en el local y en la forma que sean necesarios.
4	Acompañamiento de la utilización del estándar	• Sistema de verificación de la largura estándar.	• Evite que un problema resuelto debido a la degeneración en el cumplimiento de los estándares: - estableciendo un sistema de verificaciones periódicas; - delegando la gestión por etapas; - el supervisor debe acompañar periodicamente su turma para verificar el cumplimiento de los procedimientos operacionales estándar.

Proceso 8 - Conclusión

Flujo	Tareas	Herramientas Utilizadas	Observaciones
①	**Relación de los problemas remanescientes**	• Análisis de los resultados. • Demonstraciones gráficas.	• Buscar la perfección por un tiempo muy largo puede ser improductivo. La situación ideal casi nunca existe. Por tanto, delimite las actividades cuando el límite de tiempo original sea alcanzado. • Relacione qué y cuándo no fue realizado. • Muestre también los resultados sobre lo esperado.
②	**Planificación del ataque a los problemas remanescientes**	• Aplicación del método de solución de problemas en los que sean importantes.	• Reevalúe los ítems pendientes, organizándolos para una futura aplicación del método de solución de problemas. • Si haya problemas ligados a la propia forma que la solución de problemas fue tratada, esto puede transformarse en tema para proyectos futuros.
③	**Reflexión**	• Reflexión cuidadosa sobre las propias actividades de la solución. ¡Hojas de verificación más completas! ¡Perfeccionar el diagrama de causa y efecto! ¡Mejorar el cronograma!	Analice las etapas ejecutadas del método de solución de problemas en los aspectos: 1. Cronograma - ¿Hubo retrasos significativos o plazos flojos demás? ¿Cuáles motivos? 2. Elaboración del diagrama de causa y efecto - ¿Fue superficial? (Esto dará una medida de maduración del equipo involucrado. Cuanto más completo el diagrama, mas habilidoso el equipo). 3. ¿Hubo participación de los membros? ¿El grupo era lo mejor para solucionar aquel problema? ¿Las reuniones eran productivas? ¿Qué mejorar? 4. ¿Las reuniones ocurrieron sin problema (faltas, brigas, imposiciones de ideas)? 5. ¿La distribución de tareas fue bien realizada? 6. ¿El grupo mejoró la técnica de solución de problemas? ¿Las Usó a todas?

Anexo F

Ejemplo de Estándar Técnico de Proceso

En este Anexo, es mostrada una otra manera de disponer las informaciones en un "Estándar Técnico de Proceso".

La literatura[15, 16] debe ser consultada para otros modos de disposición de informaciones en un Estándar Técnico de Proceso.

En cualquier hipótesis, nunca se olvide que el Estándar Técnico de Proceso es un instrumento de trabajo y debe contener todas las informaciones técnicas necesarias a un buen <u>control de proceso</u>.

Estas informaciones deben ser dispuestas de forma simple y gráfica de tal modo que "<u>basta con una mirada para entender</u>".

Este documento debe ser proyectado para facilitar el trabajo del usuario. Cada empresa debe colocar las informaciones que en su caso son importantes, para alcanzar sus objetivos en el proceso. El encabezamiento resultante será función de las informaciones necesarias.

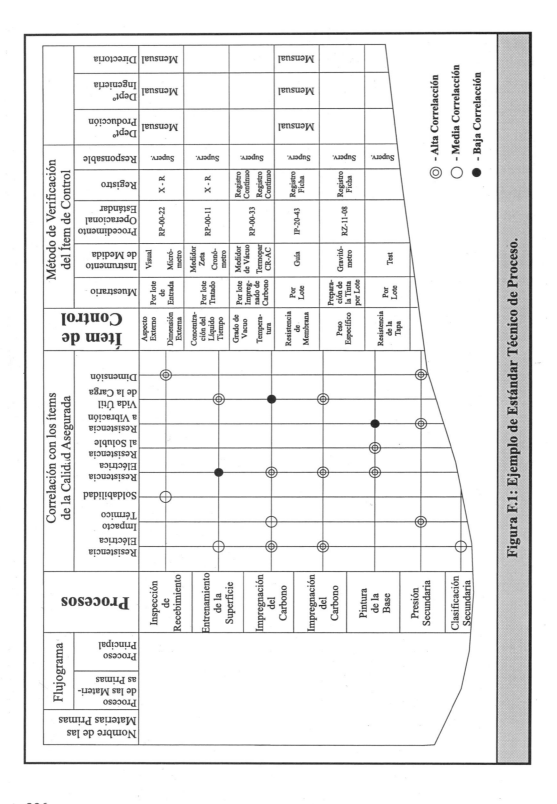

Figura F.1: Ejemplo de Estándar Técnico de Proceso.

Anexo G

Case Belgo

GGJM - Gestión General de la Usina de João Monlevade
GPAC - Gestión de Producción de Acero
DPAC - Departamento de Producción de Acero

MISIÓN:

Garantizar el cumplimento del plan físico de producción de lingotes, dentro del presupuesto previsto y con las características de calidad para cada acero, sin impacto al medio ambiente y a la salud de la gente.

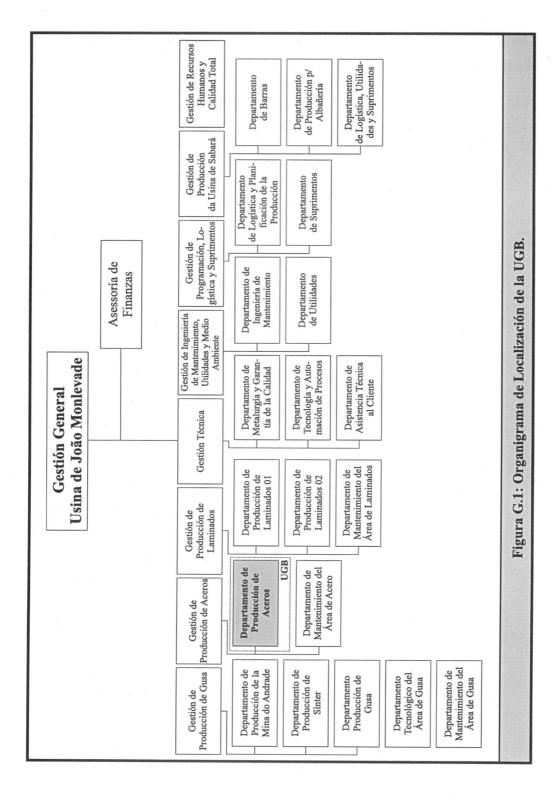

Figura G.1: Organigrama de Localización de la UGB.

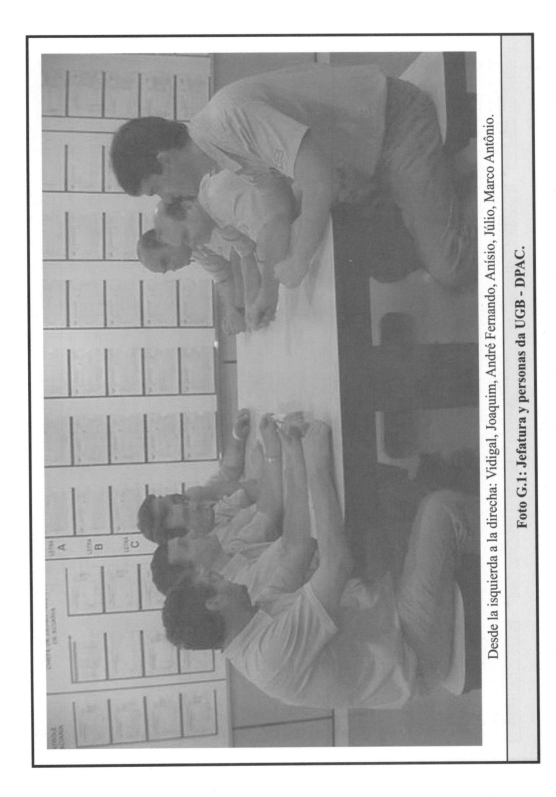

Desde la isquierda a la direcha: Vidigal, Joaquim, André Fernando, Anísio, Júlio, Marco Antônio.

Foto G.1: Jefatura y personas da UGB - DPAC.

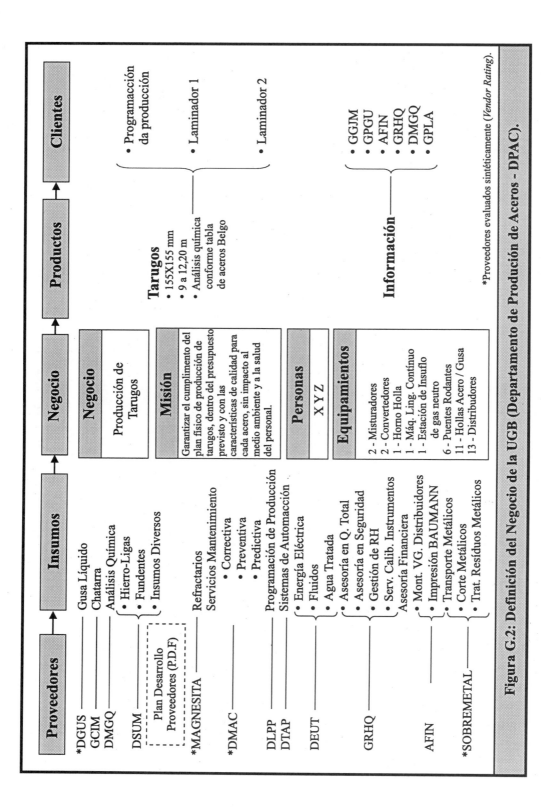

Figura G.2: Definición del Negocio de la UGB (Departamento de Produción de Aceros - DPAC).

GGJM - GPAC - DPAC

NORMA TÉCNICA

Pág.: 01/02
Rev.: 01
Cód.: SEP280
Fecha: 21/11/01

LINGOTAMIENTO DE LOS ACEROS XYZ Y ABC EN LA MLC

1 - Objetivo
Esta norma establece el procedimiento de lingotamiento para garantizar las características de calidad exigidas en la aplicación de los siguientes aceros: XYZ e ABC

2 - Responsable
Supervisor o monitor

Actividades	Tolerancia	Qué hacer	¿Por qué?
1 - Tiempo de holla vacía	Norma SEP XYZ	Actuar conforme norma	Estabilidad de temperatura en el distribuidor
2 - Tiempo de espera en la torre	Máximo X minutos	Partir la MLC	Obtener apertura libre
3 - Apertura de la válvula cajón de la holla	Libre	Lingotear normalmente	
	Con O$_2$	Observar en la hoja carrera	Evitar defecto interno
4 - Condiciones de válvulas placas de la holla	Norma SEP XYZ	Actuar conforme norma	Garantizar apertura libre
5 - Cerramiento de la válvula del cajón en el cambio de holla (Amepa = X%)	Sistema Amepa en automático con sensibilidad de X%	Hacer evaluación visual del pasaje de chatarra para el distribuidor y registrar en la hoja de carrera	Evitar defecto interno
6 - Cobertura de acero en el distribuidor	Utilizar isolante térmico adecuado	Cobrir totalmente la superfície del aero en el distribuidor	Evitar pérdidas térmicas
7 - Peso de acero en el distribuidor	≥ Y toneladas	Observar en la hoja de carrera	Evitar defecto interno
8 - Resto de acero en el distribuidor	≥ X toneladas	< X ton, aumentar X metro en el comprimento del despunte final	Evitar defecto interno
9 - Número de carreras secuenciales	Máximo = X carreras o Y minutos	Parar lingotamiento de la secuencia	Evitar desgaste excesivo del refratario
10 - Temperatura	Norma SEP XYZ o supervisorio	Arriba de la tolerancia registrar en la hoja de carrera	Evitar defecto superficial
11 - Centralización da Válvula submersa	Alineada con el molde	Actuar en el ajuste vertical/ transversal	Evitar defecto interno
12 - Profundidad de imersión de la válvula submersa (15 cm)	X a Y cm	Ajustar altura del distribuidor	Evitar desgaste de la válvula submersa y defecto interno

Registro de Alteraciones

Qué ha cambiado	¿Por qué?	Quién	Cuándo
Largura mínima de tarugo	Alteración del proceso AP XX	ABC	21/11/2001

CDC.: 004/04-08; 011/05-06-10

Elaborado por: ABC	Verificado por: XYZ	Aprobado por: KZY

Figura G.3: Especificación de Productos/Servicio.

Ítems de Control	Metas
Ganancia Operacional	Presupuesto
Flujo de Caja Operacional	Presupuesto
Reclamaciones	Reducir 10% en relación a 2000
Clima Organizacional	65%
Medio Ambiente	Cero auto de Infración

Figura G.4: Metas de la Directoria de Productos Largos - 2001.

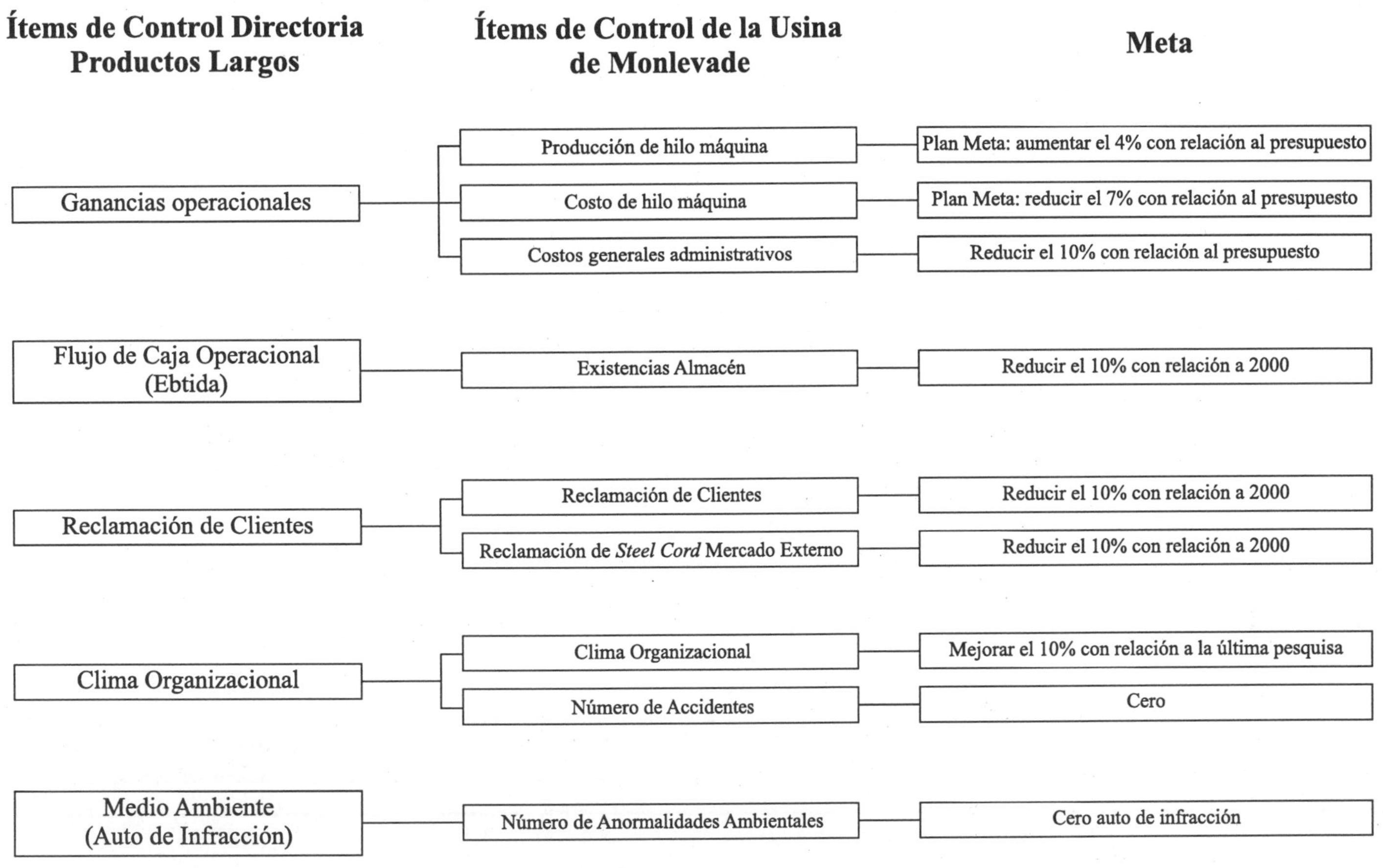

Ítems de Control Directoria Productos Largos · Ítems de Control de la Usina de Monlevade · Meta

Ítems de Control Directoria Productos Largos	Ítems de Control de la Usina de Monlevade	Meta
Ganancias operacionales	Producción de hilo máquina	Plan Meta: aumentar el 4% con relación al presupuesto
	Costo de hilo máquina	Plan Meta: reducir el 7% con relación al presupuesto
	Costos generales administrativos	Reducir el 10% con relación al presupuesto
Flujo de Caja Operacional (Ebtida)	Existencias Almacén	Reducir el 10% con relación a 2000
Reclamación de Clientes	Reclamación de Clientes	Reducir el 10% con relación a 2000
	Reclamación de Steel Cord Mercado Externo	Reducir el 10% con relación a 2000
Clima Organizacional	Clima Organizacional	Mejorar el 10% con relación a la última pesquisa
	Número de Accidentes	Cero
Medio Ambiente (Auto de Infracción)	Número de Anormalidades Ambientales	Cero auto de infracción

Figura G.5: Desdoblamiento de los Ítems de Control - 2001.

235

Ítems de Control	Metas
Producción de Hilo *Máquina*	Aumentar el 4% en relación al presupuesto
Custo del Hilo *Máquina*	Reducir el 7% en relación al presupuesto
Existencias de Almacén	Reducir el 10% en relación a 2000
DGA	Reducir el 10% en relación al presupuesto
Reclamaciones de Clientes	Reducir el 10% en relación a 2000
Reclamación *Steel Cord* Mercado Externo	Reducir el 10% en relación a 2000
Clima Organizacional	Mejorar el 10% en relación a la última investigación
Número de Accidentes	Cero
Número de Anormalidades Ambientales (Auto Infracción)	Cero auto de infracción

Figura G.6: Metas de la Gestión General de Jõao Monlevade - 2001.

Departamento de Aciaría

Gestión General	Gestión de Aciaría	Jefe de Departamento	Supervisor / Operador		
			Ítem de Control	Frecuencia	Unidad
			Rendimiento Aciaría	Carrera	%
			Rendimiento Lingotamiento	Diária	%
			Índice de Resopro	Carrera	%
			Fe O en la Escoria	Carrera	%
		Costo Adicional del Tarugo	Mg O en la Escoria	Carrera	%
		- Costo de Ligas	Slag Splash	Carrera	%
		- Costo de Refractário			
Costo Hilo Máquina	Costo Tarugo	- Rendimiento			
		- Cons. de Fundentes	Carreras por Secuencia	Secuencia	N°
		- Cons. de E. Elétrica			
			Consumo de Electrodo	Cada 3 días	Kg/t

Figura G.7: Desdoblamiento de los Ítens de Control de la Gestión hasta el Operador.

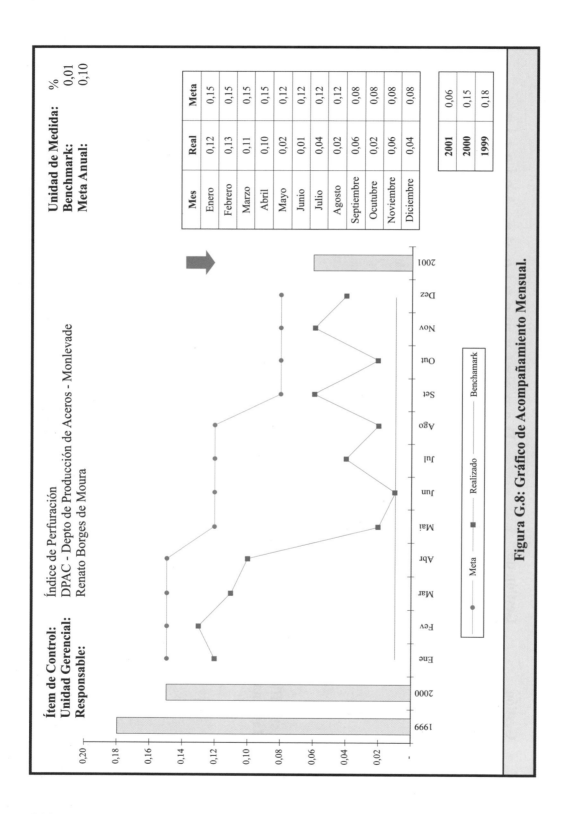

Ítem de Control: Índice de Perfuración
Unidad Gerencial: DPAC - Depto de Producción de Aceros - Monlevade
Responsable: Renato Borges de Moura

Unidad de Medida: %
Benchmark: 0,01
Meta Anual: 0,10

Mes	Real	Meta
Enero	0,12	0,15
Febrero	0,13	0,15
Marzo	0,11	0,15
Abril	0,10	0,15
Mayo	0,02	0,12
Junio	0,01	0,12
Julio	0,04	0,12
Agosto	0,02	0,12
Septiembre	0,06	0,08
Ocutubre	0,02	0,08
Noviembre	0,06	0,08
Diciembre	0,04	0,08

2001	0,06
2000	0,15
1999	0,18

Meta — Realizado — Benchamark — Benchmark

Figura G.8: Gráfico de Acompañamiento Mensual.

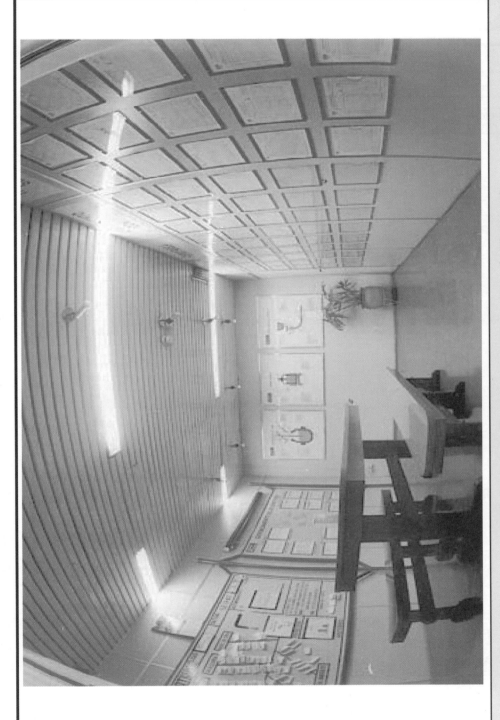

Foto G.2: Sala de Gestión a la Vista - Aciaría Monlevade.

BELGO Usina de Monlevade	ESTÁNDAR DE SISTEMA	Pág.: 01/01 Rev.: 07 Fecha: 18/03/2002

MANUTENCIÓN PREVENTIVA

Ciclo PDCA	Fase	Involucrados/Responsabilidad				Dónde	Cuándo	Material de Gestión	Registro
		Clientes	Coordinador	Supervisor	Operacional				
P	1			Pesquisar OS's generadas por el sistema				STE 079	SAP (W004)
	2			Programar OS's de inspección				STE 079	SAP (W007)
	3			Imprimir OS's de inspección				STE 079	SAP (W019)
	4			Entregar OS's p/ operacionales					
	5				Preparar las herramientas			SEM 036 OS'S	
	6				Desplazarse para el área				
	7				Solicitar autori-zación del cliente			DRI 254	Mapa de Consignación
D	8	Autorizar realización de la inspección						DRI 254	Mapa de Consignación
	9				Inspeccionar equipo			OS'S e SEN 036	Orden de Servicio
	10				Anotar resultados de la inspección			OS'S	Orden de Servicio
	11				Comunicar con el cliente (fin de la inspección)			DRI 254	Mapa de Consignación
	12				Entregar OS al Supervisor				
	13			Crear OS reg. Manut. Prog. P/ equipos. Con respuesta de cód. de estado malo				SET 079	
	14			Cerrar las OS's p/ coordinador				SET 045	SAP (AC05A, W010)
	15			Entregar OS's p/ coordinador					
C	16		Verificar y tomar providencias si necesario						Orden de Servicio
A	17			Aguardar manten. Programada					

Elaborado por:	Verificado por:	Aprobado por:

Figura G.9: Estándar Gerencial de Sistema.

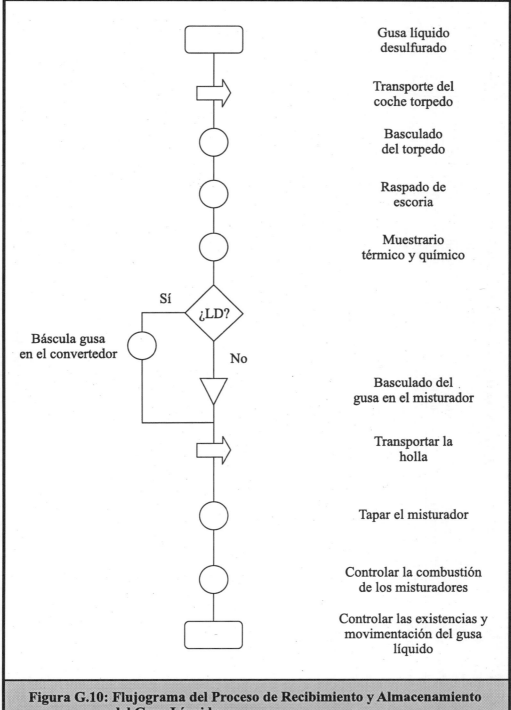

Figura G.10: Flujograma del Proceso de Recibimiento y Almacenamiento del Gusa Líquido.

BELGO

GGJM / GPAC / DPAC

ESTÁNDAR TÉCNICO DE PROCESO
Proceso: Lingotamiento Contínuo

Pág.: 01/01
Rev.: 12
Fecha: 12/03/1999

Flujo	Proceso	Calidad Asegurada		Nivel de Control		Método de Verificación				Acción Correctiva	
	Nombre del Proceso	Característica de la Calidad	Valor Asegurado	Parámetro de Control	Valor Estándar	Quién (Persona Responsable)	Cuándo Medición (hora/freq.)	Dónde Instrumento de medida	Cómo Registro	Qué hacer	Quién procurar
	Colocación de la olla en la torre MLC	Defectos internos y superficiales	Índice X	Temperatura	X	Lingotador	Toda carrera	Pirómetro de Imersión	Supervisor en lo horno olla	SEP XXX	Supervisor
	Vaciado del acero de la olla para el distribuidor	Defectos internos	Índice Y	Índice de apertura livre	>X%	Lingotador	Toda carrera	Não aplicable	Informe del area olla	SEP XXX	Supervisor
	Vaciado del acero del distribuidor para los moldes	Defectos internos	X	Peso acero en el distribuidor	X Tonelada	Lingotador	Toda carrera	Balanza coche distribuidor	Supervisor de la MLC	SEP XXX	Supervisor
		Defectos internos y superficiales	X	Temperatura	X	Lingotador	X por carrera	Pirómetro de Imersión	Supervisor de la MLC	SEP XXX	Supervisor
	Lingotamiento	Defectos internos y superficiales	X	Velocidad	X m/min	Lingotador	Toda carrera	Tacogenerador	Supervisor de la MLC	SEP XXX	Supervisor
				Programa sprays	X	Supervisor	Toda carrera	Válvulas de Flujo	Supervisor de la MLC	SEP XXX	Supervisor
		Defectos internos	X	Pó flujante	X	Lingotador	Toda carrera	No aplicable	Informe de la MLC	SEP XXX	Supervisor
				Variación nivel	X	Sistema automático	Toda carrera	Sonda	Supervisor de la MLC	SEP XXX	Supervisor
	Corte del tarugo	Defectos internos	X	Despuntes inicial y final	X	Lingotador	Toda secuencia	Regla	Supervisor de la MLC	SEP XXX	Supervisor
	Impresión de Baumann	Defectos superficiales	X	Estándar	X	Lingotador	X veios a cada carrera	Estándar de grieta	Informe de la MLC	SEP XXX	Supervisor
	Transporte al patio de Tarugo	Defectos superficiales	X	Estándar visual	NA	Lingotador	Toda carrera	Visual	Informe de inspección	SEP XXX	Supervisor

Figura G.11: Estándar Técnico de Proceso.

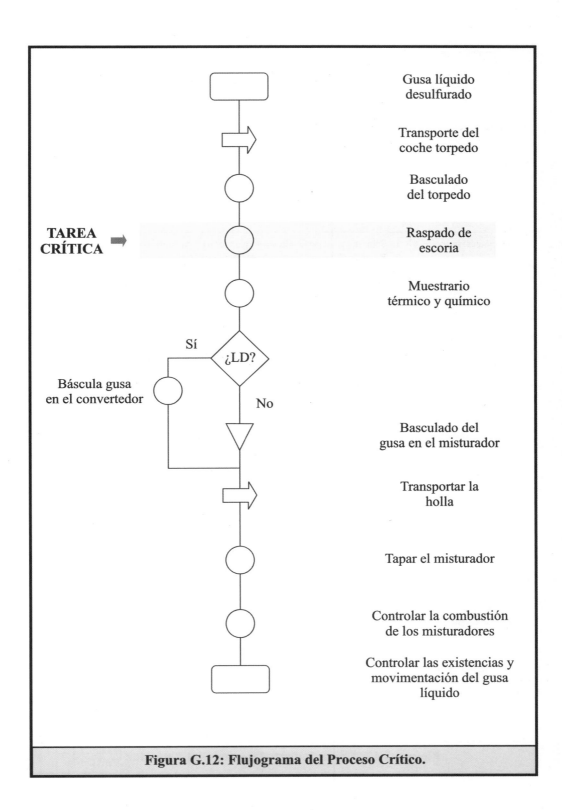

Figura G.12: Flujograma del Proceso Crítico.

243

		Pág.: 01/01
PROCEDIMIENTO OPERACIONAL ESTÁNDAR		Rev.: 04
		Cód.: SFT089
		Fecha: 17/09/1999

CAMBIO DEL HUECO DE CARRERA CON PERFORADORA

Responsables: Monitor LD, Hornero y Mecánico de Manutenimiento

1 - Parada del horno	1 - Subir Gradall para plataforma a través del puente rodante.
	2 - Limpiar borde del horno y flange del hueco de carrera con Gradall.
	3 - Limpiar internamente el hueco con oxígeno.
	4 - Bajar la Gradall utilizando el puente rodante.
2 - Foración del hueco	1 - Subir máquina perforadora para plataforma a través del puente rodante.
	2 - Bascular el horno para el lado del muestrario y posicionarlo en ángulo adecuado.
	3 - Centralizar máquina perforadora delante del horno.
	4 - Acoplar máquina perforadora al flange del hueco.
	5 - Perforar el hueco de carrera.
	6 - Desacoplar la máquina perforadora.
	7 - Transportar máquina perforadora para local apropiado.
3 - Cambio del flange del hueco de carrera	1 - Montar andamio en delante del horno.
	2 - Cortar tornillos de fixación del flange y removerlo.
	3 - Montar la manilla del tubo flangeado, apropiado, y fijarlo.
	4 - Soldar el tubo flangeado con la manilla en el flange à ser montado.
	5 - Atornillar flange con manilla al horno.
	6 - Desmontar andamio.
4 - Llenado del hueco con pasta	1 - Bascular horno para el lado de vaciado y posicionarlo en ángulo deseado.
	2 - Abastecer la máquina de proyección con cantidad de pasta deseada.
	3 - Posicionar lanza de proyección frente al horno.
	4 - Regular máquina de proyección con presión x kgf/cm^2.
	5 - Proyectar pasta hasta llenar totalmente el hueco.
	6 - Recolectar y guardar las mangueiras.
	7 - Limpiar el area.
	8 - Trás el término de la proyección aguardar X min. y liberar horno para cargamento.
4 - Segurridad, salud y medio ambiente	1 - Obligatorio el uso de EPI'S. Botines con puntera de acero, perneras, lentes de seguridad, casco, guante de raspa, protector auricular.
	2 - Los residuos generados son recogidos según orientado en recipientes colectores
	3 - No transitar y/o quedarse bajo carga suspensa.

CDC.: 010 - 03/14

Elaborado por:	Verificado por:	Aprobado por:
José Geraldo Silva	Geraldo José dos Santos	Marco Antônio Macedo Bosco

Figura G.13: Procedimiento Operacional Estándar.

De la isquierda a la derecha: Gilvânio, Edmar, Ronildo, Júlio, Maurilo, Wilson, César.

Foto G.3: Entrenamiento y Normas Críticas - DPAC.

Foto G.4: Charlas Motivacionales - DPAC.

NORMA	AUDIT.	ENTR.	E	F	M	A	M	J	J	A	S	O	N	D
Operacción soplaje convertedor		Helvio	■	■										
Operación de vazamento		Helvio			■									
Tratamiento de acero en la holla		Júlio				■								
Lingotamiento del acero en chorro protegido		Renato					■							
Práctica de preparación del distribuidor		Renato								■				
Práctica de junción		Renato						■						
Preparación de la carga metálica		Helvio									■			
Proced. calentamiento del convertedor		Helvio										■		
Proced. de inyección hilos en el horno olla		Júlio							■					

Figura G.14: Auditoría en Entrenamiento de Normas (DPAC).

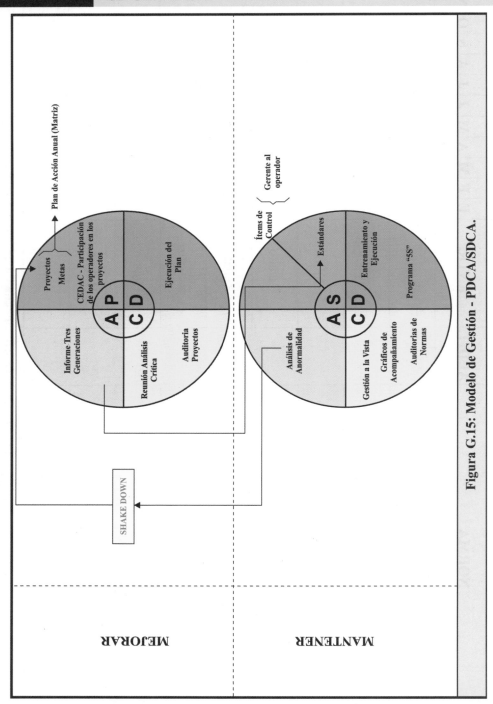

Figura G.15: Modelo de Gestión - PDCA/SDCA.

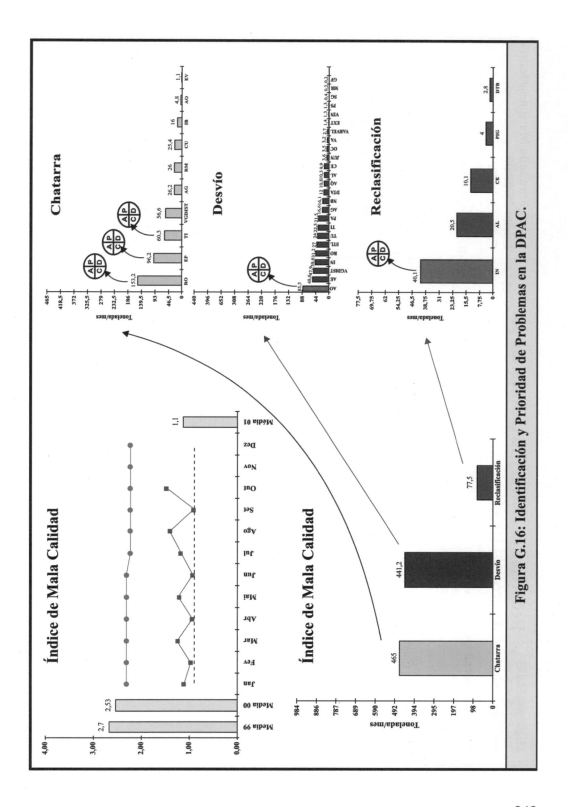

Figura G.16: Identificación y Prioridad de Problemas en la DPAC.

	Reducción de Desvío y Reclasificación por Apertura - DPAC	**Líder: Fernando Marques Moraes** **Inicio: 21/08/00** **Fin: 31/11/00**

Escoja del Tema (justificativa):

En el desdoblamiento de las directrices de la GPAC, el *shake-down* realizado en la dimensión de la calidad, se ha verificado que una de las características que afectan el desvío y reclasificación de tarugos era la apertura de la válvula cajón de la olla con oxígeno. De este modo, fue lanzado el proyecto de CEDAC (*cause and effect diagram with addition of cards*).

Diagrama de Causa y Efeito

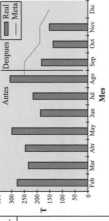

Resultados:

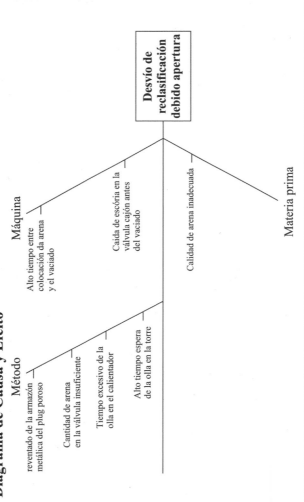

Acciones propuestas:
- Revisar norma de ciclo de olla
- Desarrollar armazón metálica más resistente
- Garantizar limpieza del canal
- Reunir con proveedor y mejorar calidad de la arena utilizada
- Normalizar el tiempo de calentamiento de la olla
- Aumentar la cantidad de arena en función de la vida de la olla
- Evitar anticipar carreras para torre de la mlc

Conclusiones:
- Las acciones implantadas hasta el momento redujeron en el 40% la cantidad de desvío y reclasificaciones de tarugos por apertura con oxígeno, alcanzando el resultado esperado.
- Se observa aún el alto nivel de participación del personal con sugerencias, contabilizando 174 tarjetas de posible causa y posible solución, lo que demuestra el involucramiento de todos para solucionar el problema.

Contribuciones: 174 Ideas Implantadas: 56 Participantes: 69	Costo de las Mejorías: R$ 12.000 Ganancia Anual: R$ 46.000	

Figura G.17: Plan de Ataque a los Problemas Priorizados.

Optimización de las Paradas Programadas

N°	Qué hacer	Quién	Status	E	F	M	A	M	J	J	A	S	O	N	D
									Cuándo (2001)						
1	Incluir procedimiento del coordinador en la reunión de preparación del mantenimiento programado.	Vladimir Vidigal	●		■										
2	Determinar los procedimientos para determinación de puntos de potencial retraso en los Mantenimiento Programados.	Vladimir	●		■										
3	Preparar bloqueos para potenciales retrasos en los Mantenimientos Programados.	Vladimir	○				▨								
4	Asumir la coordinación del personal operacional del turno.	Vladimir	○			▨									
5	Implantar reunión de evaluación durante el mantenimiento con todos los coordinadores.	Vladimir Renato	○		▨										
6	Puntuar el VENDOR RATING de la Aciaría y de las Empreiteras en reunión de evaluación de la P. P.	Vladimir Vidigal	○		▨										
7	Evaluar 5S, eficiencia de la consignación, liberación de la consignación y aspectos generales de seguridad.	Vladimir Vidigal	○		▨										
8	Elaborar Análisis de Anormalidades de possibles retrasos.	Vladimir Vidigal	○		▨										

● Concluido   ● Retrasado   ● En andamiento y en el plazo

Figura G.18: Plan de Acción de la UGB - DPAC.

BELGO

INFORME DE LAS TRES GENERACIONES - GERENCIAL

Ítem de Control: Número de Carreras Secuenciais

Problema: Resultado de octubre/2001 bajo la meta

Unidad Gerencial: GPAC   Responsable: Wéllerson Júlio Ribeiro   Fecha 12/11/2001

Planificado	Realizado/Resultados	Proposiciones
Meta - 8,5 carreras/secuência	**Realizado - 8,2 carreras/secuência** **Problema - 0,3 carreras/secuência** **Pareto das Causas - Octubre** 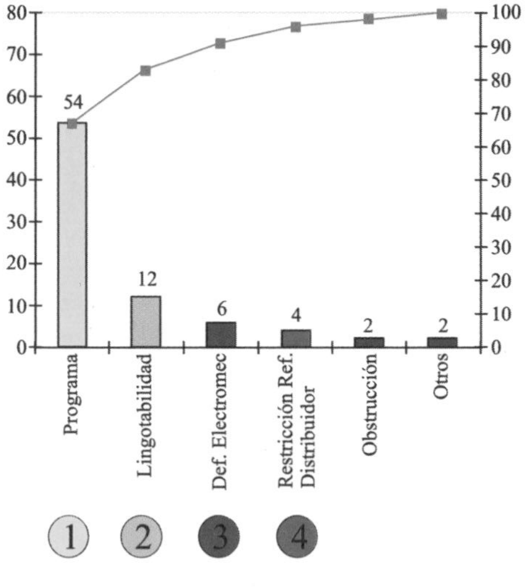	① **Programación** Negociar junto a la programación número mínimo de carreras secuenciales. Resp.: Vidigal Plazo : 31/12/01 ② **Lingotabilidad** Rever proyecto de Lingotabilidad Resp.: Júlio Maria Plazo: 31/12/01 ③ **Defecto Electromecánico coche distribuidores y coche acero FP** Rever planes de inspección y mantenimiento. Resp.: Frank Plazo: 30/11/01 ④ **Restricción Refractario Distribuidor** Proyecto mejoría de los refractarios de distribuidor. Resp.: Renato Plazo:31/03/02

Figura G.19: Informe de las Tres Generaciones.

Gestión General de la Usina de João Monlevade

Proyectos \ Metas (Ítems de Control)	Producción Tarugo (Conforme Presupuesto)	Costo Tarugo (Conforme Presupuesto)	Costo mín. Cadena prod. Gusa - Tarugo (Media Org. JF, Vitória e Piracicaba)	Consumo Específico (XXX kg/t)	Índice Mala Calidad (Reducir 5% en relación 2001)	Índice de Perforación (Alcanzar 200ppm ult. Trimestre)	Clima organizacional (Mejorar 10% rel. A ult. pesquisa)	Número de accidentes (Cero)	Nº anormalidades ambientales (Cero (auto de infracción))	Meta del Proyecto	Responsable
Proyecto Producción de Tarugo	◎	◎	◎			○				Aumentar capacidad de producción de tarugo	Wéllerson
Proyecto Consumo Específico	◎	◎	◎	◎						Capacitar para consumo específico	Marco Antônio
Proyecto Costo Mínimo Cadena Producción Gusa - Tarugo		◎	◎	◎						Media presupuesto JF, Vitória y Piracicaba	Marco Antônio
Proyecto 5S Acería							◎			Estándar MLC	Marco Antônio/Roberto
Proyecto Reducción Chatarra Tarugo					◎					Reducir índice para 0,50%	Marco Antônio
Proyecto Anual de Seguridad - GPAC								◎		Cero accidentes incluyendo prestadores de servicio	Marco Antônio/Roberto
Proyecto Rebarbador Tarugo					◎			○		Atención 100% cronograma	Roberto
Proyecto Agitador Electromag. (M-EMS)					◎					Atención 100% cronograma	Roberto
Proyecto Torre Ollas					◎					Índice de apertura libre > 90%	Augusto/Roberto
Proyecto Apertura Libre					◎					100% Steel Cord con soplo automático	Marco Antônio
Proyecto Automación 2° Soplo Steel Cord					◎					100% Steel Cord con soplo automático	Marco Antônio
Proyecto Vasos Convert. y Ollas	◎									Atención 100% cronograma	Augusto/Roberto

Legenda:
- ◎ Proyecto afecta fortemente la meta
- ○ Proyecto afecta la meta
- △ Proyecto puede afectar la meta

Figura G.20: Plan de Acción Anual de la Gestión de Producción de Acero.

253

Alto - Horno

Retrasos de carrera sobre 20 minutos
Paradas en el carregamiento sobre 20 minutos
Cantidad S en el gusa > 0,010%
Cualquier ocurrencia de accidente de trabajo o equipamientos

Aciaría

Parada máquina lingotamiento sobre 30 min.
Casi accidente y accidente con personal o equipamiento
Toda chatarra de tarugo
Apertura con oxígeno.
Perforación

Laminación

Paradas accidentales sobre 30 minutos
Chatarra de línea
Más que 5 rollos desviados
Cualquier ocurrencia de accidente (o casi) de trabajo o equipamientos

Cuadro G.1: Criterios para Análisis de Anormalidad.

INFORME DE ANORMALIDAD

GGJM - GPAC - DPAC

Código:

Turno

1   2   3

Turma

1   2   3   4   5

Fecha:

31/01/2002

Participantes

Adaílton, Ronaldo, Márcio Miranda, Antônio, Altair, João Bosco y Lucas Motta.

Anormalidad

Parada del V6 en la junción de 1015L con P926A, debido obstrución, tras lingotear ~3m.

Procedimientos Operacionales

SLT 001

¿El Procedimiento Operacional fue cumplido?

SÍ   NO ▅▅▅

Observación

- Olla n° 3-49 carrera.
- Deficiencia de calientamento da válvula V6.
- Durante el traslado del coche II, hubo interupción, para desobstrucción do V3.
- La apertura de la olla fue con oxígeno (insertado el tubo 2X)
- Tiempo de junción fue de 11 minutos.
- La colocación del tubo largo sin el distribuidor estar 100% lleno.
- No observación de la deficiencia del calientamento del V6 durante calientamento del distribuidor.
- Caída súbita de nivel y posición de la válvula cajón, sin éxito en la intervención del lingoteador.
  Debido al congelamiento de los parámetros, ese íten no pudo auxiliarnos en el análisis de la anormalidad.
- No hay alarma de tendencia de obstrucción en el PCIM.
- Fue actuado en la reducción de velocidad, aunque sin éxito.

Brainstorming

No observación de la deficiencia de calientamento de la válvula V6

Apertura con oxígeno

Colocación del tubo largo sin el distribuidor estar 100% lleno.

Deficiencia de calientamento V6.

Obstrucción de la vena 6 en la junción

Tiempo de junción de 11 minutos.

Caída refractario en la válvula de la vena 6

Cite la Anormalidad: Parada del V6 en la junción de 1015L con P926A, debido obstrución, tras lingotear ~3m.
¿Por qué hubo?   No observación de la deficiencia del calientamento de la válvula V6.
¿Por qué hubo?   Descumplimento de la norma SLT001 (inspección a cada 15 minutos, tras apertura del aire).

Plan de Acción/Estandarización

¿Qué?	¿Quién?	¿Cuándo?
Reciclar los lingotadores en la norma SLT001 - actividad n°3 (calientamento do distribuidor)	Adaílton	31/01/2002 - ¡OK!
Reciclar los lingotadores en la norma SLT001 - actividad n°10 (partida de la MLC)	Adaílton	31/01/2002 - ¡OK!

Evaluación Final:

Está previsto un mantenimiento general de la estación de pre calientamento de los distribuidores, lo que contribuirá para resolver el problema de calientamento.

Figura G.21: Ejemplo del informe de Análisis de Anormalidad.

Anexo H

Referencias Bibliográficas

1. JURAN, J. M. Managerial Breakthrough (A New Concept of the Manager's Job). Mc Graw-Hill Book Company, New York, 1984.

2. NEMOTO, M. Total Quality Control for Managers, Strategies and Techniques from Toyota and Toyoda Gosei, Prentice Hall Inc., Englewood Cliffs, N. J., 1987.

3. KAMIKUBO, M. JUSE - Union of Japanese Scientists and Engineers, Consultor, Contactos Personales, Belo Horizonte, 1986.

4. DEMING, W. E. Cuality, Productivity and Competitive Position. Massachussets Institute of Technology, 1982, 373 p.

5. SILVA, J. M. de la, 5S - O Ambiente de la Calidad. Fundación Christiano Ottoni. Universidad Federal de Minas Gerales, Belo Horizonte, Brasil, 1994, 162 p.

6. CAMPOS, V. F. Calidad Total - Estandarización de Empresas. Fundación de Desenvolvimento Gerencial. Belo Horizonte, Brasil, 1992, 122 p.

7. HOSOTANI, K. The QC Solving Problem Approach - Solving Workplace Problems the Japanese Way. 3A Corporation, Tokyo, Japan, 1992, 168p.

8. KUME, H. Statistical Methods for Quality Improvement, The Asociation for Overseas Technical Scholarship (AOTS), Tokyo, Japan, 1987, 231p.

9. TAYLOR, F. W. Principios de la Administración Científica, Editora Atlas S.A., São Paulo, 1960, 140 p.

10. MASLOW, A. H. Motivation and Personality (segunda edición). Harper Row Publishers, New York, 1970, 369 p.

11. UCHIBORI, T. Busines Policy and Strategy - Total Productivity Management Activities at Nisan Diesel Motor Co. Ltd., KENSHU, Publicado por The Asociation for Overseas Technical Scholarship, en el 130, 1993-94, pág. 10-15.

12. MIYAUCHI, I. JUSE - Union of Japanese Scientists and Engineers, Contactos Personales, Belo Horizonte, Abril de 1992.

13. ISHIKAWA, K. Introduction to Quality Control, 3A Corporation, Tokyo Japan, 1990, 435p.

14. WOMACK, J.P. et all La Máquina que Mudou el Mundo - Editora Campus, Rio, 1992, 47 p.

15. AKAO, E. (editor) QFD - Quality Function Deployment, Productivity Pres, Cambridge, Masachusetts, 1990, 369 p.

16. UMEDA, M. Seven Key Factors for Succes on TQM, Japanese Standards Asociation, Tokyo, Japan, 1993, 300 p.

17. DELLARETTI FILHO, O. y DRUMOND, F.B. Ítems de Control y Evaluación de Procesos, Fundación Christiano Ottoni, Universidade Federal de Minas Gerales, 1994, 151 p.

18. AKAO, E. (Editor) Quality Function Deployment - Integrating Customer Requirements into Product Design, Productivity Press, Cambridge, Masachusetts, USA, 1990, 369 p.

19. CAMPOS, V.F. TQC - Control de la Calidad Total (en el estilo japonés), Fundación Christiano Ottoni, Universidad Federal de Minas Gerales, 1992, 220 p.

Índice Remisivo

Este índice remisivo ha sido elaborado por el Prof. F. Liberato Póvoa Filho, a quien agradecemos por la colaboración al nuestro esfuerzo.

Vicente Falconi Campos.